# LE STATUT DE L'ÉGLISE
## DANS LA FUTURE EUROPE POLITIQUE

Gustave Thils

# LE STATUT DE L'ÉGLISE
## DANS LA
# FUTURE EUROPE
# POLITIQUE

Louvain-la-Neuve

1991

LIBRAIRE PEETERS
GRAND-RUE 56
B-1348 LOUVAIN-LA-NEUVE

Dépôt en France:
«LA PROCURE»
3, RUE DE MÉZIÈRES
75006 PARIS

FACULTÉ DE THÉOLOGIE
45 GRAND-PLACE
B-1348 LOUVAIN-LA-NEUVE

ISBN 90-6831-324-X
D. 1991/0602/17

# INTRODUCTION

La construction de l'Europe provoque en ce moment un remue-ménage sans précédent dans les institutions socio-politiques de nos régions et elle entraîne partout, de semaine en semaine, des aménagements et des réajustements de tout genre. Entre-temps, les représentants de nos pays mettent progressivement en place une certaine forme inédite de gouvernement fédéral. Engagés dans ce courant, quelques chrétiens se sont demandé quelle allait être la situation de l'Église au cœur de cette Europe de l'an 2000, sous quel régime elle allait vivre et rayonner, de quelles garanties elle jouirait, quel statut juridico-politique lui serait reconnu.

Pour introduire un échange et une réflexion sur ce thème, on peut se référer directement à la position impliquée dans les principes de la Déclaration conciliaire *Dignitatis humanae* sur la liberté civile et sociale en matière religieuse, et notamment au n.4 où est envisagé le statut des individus et des groupes religieux. Mais en préparant cette rencontre, il m'a semblé que l'aperçu historique proposé occasionnellement par le Pape Jean-Paul II, il y a quelques années, était très évocateur. Le mouvement des idées est clairement esquissé. En réalité, il s'agit de l'histoire des relations entre l'Église et l'État, relations dont le Pape disait que : "au cours des siècles, le rapport entre l'Église et les réalités temporelles a été conçu et vécu de manière complexe, variable et articulé diversement en une dialectique de tension continuelle", dialectique dont il adoptait l'aboutissement actuel.

Cette évolution, le Pape Jean-Paul II l'a décrite au cours d'une homélie prononcée à Salerne, le 26 mai 1985, lors de la célébration du neuvième centenaire de la mort du Pape Grégoire VII en cette ville[1]. Parler de Grégoire VII, pape de 1073 à 1085, c'était évoquer un moment grave de l'histoire de l'Église au Moyen âge. C'est, dit Jean-Paul II, l'époque de la chrétienté médiévale, qui se présente comme *societas perfecta*, caractérisée par une forte compénétration du spirituel et du temporel. "Le *Regnum* (le Saint Empire) inséré dans l'*Ecclesia*, marqué par la sacralité, exerce un rôle qui n'est pas seulement de protection; l'Église, de son côté, est appelée à des tâches qui sont aussi temporelles, et elle est fortement insérée dans les structures mêmes du *Regnum*. C'est là une expérience particulière qui offrit à l'Église bien des avantages, lui permettant de disposer de moyens pour l'évangélisation et la mise en œuvre d'un rôle de civilisation : la fondation de l'Europe sur des bases chrétiennes. Mais, à long terme, cette expérience a eu aussi des conséquences visibles de mondanisation, spécialement au Xe siècle. Parmi elles, les plus voyantes étaient la simonie et la décadence morale du clergé. Le mouvement de la réforme, qui se développe avec vigueur au XIe siècle, appuie la lutte pour la liberté de l'Église".

Neuf siècles ont passé depuis les événements de l'époque grégorienne, poursuit le Pape. "Aujourd'hui également, l'Église, toujours attentive aux signes des temps, a approfondi cette tâche fondamentale de son existence dans le monde, et l'a fait de manière particulière lors du Concile Vatican II, en présentant dans la constitution *Gaudium et spes* la manière dont elle comprend sa présence propre et son action dans le monde actuel". Et comment peut-on décrire cet approfondissement doctrinal ? "Les communautés politiques et l'Église sont indépendantes et autonomes dans leurs domaines respectifs. Pour sa part, l'Église, en prêchant le message évangélique et en éclairant tous les secteurs de la vie humaine par sa doctrine et le témoignage des chrétiens, respecte et promeut aussi la liberté politique et la liberté des citoyens. Elle ne met pas son espérance dans les privilèges que lui offre l'autorité civile. Elle demande... de pouvoir avoir toujours et partout, et dans une pleine liberté, le droit de prêcher la foi, d'exercer sa mission, de donner son propre jugement moral également sur les réalités qui regardent l'ordre politique, chaque fois que les droits fondamentaux de la personne ou le salut des âmes l'exigent"[2].

*** *** ***

C'est le statut juridico-politique de l'Église catholique dans l'Europe de demain qui constitue l'objet de cette plaquette. En prenant comme point de départ une conception de l'État moderne adoptée aujourd'hui par nombre d'auteurs catholiques, nous montrerons que la Papauté, de Pie XII à Jean-Paul II, ainsi que le Concile Vatican II et les Épiscopats, acceptent en effet réellement, mais avec des nuances tenant aux personnes, aux circonstances et au genre littéraire des écrits ou discours, cette conception "moderne" de l'État, avec les conséquences qui en résultent pour la détermination du régime et des garanties fondamentales dont jouira la communion ecclésiale dans la future Europe[3].

L'enjeu est considérable, et le Pape Jean-Paul II en a encore évoqué la nature et souligné la portée dans le Discours qu'il a adressé aux membres du Parlement européen, à Strasbourg, le 11 octobre 1988.

# DEUX DONNÉES PRÉLIMINAIRES

Engager quelques recherches en ce domaine requiert d'abord que soit explicitée l'attitude de l'Église lorsqu'elle demande la "liberté" d'accomplir sa mission et, ensuite, que soit donnée une description de ce qu'on entend par conception "moderne" de l'État, et donc de la forme de gouvernement qui dirigera la future Europe.

## La "liberté" de l'Église

Depuis un demi-siècle, des rencontres et des projets divers ont promu une certaine conception de l'unité politique des peuples européens[4]. De la "concertation" à la "coopération", on s'est avancé vers l'idée de "confédération" au sens d'un ensemble confédéral laissant à chaque État son entière personnalité, notamment au niveau international, jusqu'au "fédéralisme", avec un organe international indépendant, exerçant des pouvoirs délégués par des États et représentant la Communauté de ceux-ci dans son ensemble, en passant par toute la gamme des modèles intermédiaires ou même inédits[5].

Cet objectif, comme tel et en lui-même, n'est pas du ressort de l'Église. De siècle en siècle, celle-ci répète que la détermination de la forme de gouvernement que présente la société civile ne relève ni de sa mission, ni de sa compétence. Mais les autorités ecclésiastiques et les théologiens ajoutent, tout aussi inlassablement : "... pourvu que l'Église puisse accomplir l'œuvre qui lui a été confiée par Dieu en Jésus-Christ", et donc jouisse de la liberté indispensable à cet effet.

*Libertas Ecclesiae* ![6] Une liberté qui connut des triomphes ambigus et des persécutions purificatrices, des naufrages et des résurrections.

Ce thème ecclésiologique, cette proclamation ecclésiastique plutôt, accompagnèrent l'existence de la communauté ecclésiale dès qu'elle se trouva organisée en ce monde et face à lui. La formule connut un regain d'actualité chaque fois que les institutions socio-politiques menaçaient l'"espace de liberté" que les dirigeants de l'Église revendiquaient au nom de leur mission divine. Le Moyen âge, à ce propos, dans les perspectives de la Querelle des investitures, en fournit une illustration connue.

L'argumentation développée par l'Église pour justifier sa requête auprès du pouvoir civil concerne directement nos recherches. Elle connut, au cours des siècles, une série de transformations. Lorsque l'autorité civile était personnifiée en un empereur, un roi ou un prince, l'interlocuteur ecclésiastique était le pape, l'évêque, l'abbé d'un monastère : et les conflits étaient réglés entre eux, pour le meilleur ou pour le pire. Mais à l'époque moderne, l'Europe a vécu une mutation importante à ce sujet : la naissance et la croissance d'une forme particulière de pouvoir civil, l'État. Plus abstrait, plus collectif, ce type de gouvernement est doté d'une ordonnance juridique, voire d'une Constitution, qui en décrit et en limite la mission et la compétence. Cette forme de gouvernement a connu souvent une tendance à l'absolutisme : tel le césaro-papisme. Aussi longtemps qu'existeront des empereurs croyants ou des rois "très chrétiens", les requêtes des autorités ecclésiastiques pourront être appuyées sur les droits de Dieu. Mais lorsque ces États proclameront leur totale autonomie et se présenteront comme une "société parfaite, suprême et souveraine", l'Église sera amenée, elle aussi, à se présenter comme une "societas perfecta, suprema" avec le triple pouvoir plénier qui en résulte. Telle fut la justification prédominante donnée au XIXe siècle par l'Église lorsque sa liberté était menacée. Et les canonistes ajoutaient :" et cette société, par sa fonction, sa structure et même sa vie, transcende toutes les institutions humaines".

Vers la fin du XIXe siècle, à l'époque de Léon XIII, deux données du problème vont évoluer et amener progressivement à un changement de perspectives notable.

Tout d'abord, avec l'encyclique *Rerum Novarum* et les courants d'idées de cette époque, la papauté commence à parler, non seulement des droits de l'Église, mais des droits de l'homme. Ce qui était neuf, ce n'était pas la défense des plus déshérités de ce monde, mais l'acceptation de ce qui se révélait acceptable dans l'éthos des droits de l'homme et du citoyen de 1776 et de 1789. Et l'on en arrivera, avec Pie XII, à parler d'un État dont le citoyen, tout citoyen, est "le sujet, la fin et le fondement".

Autre changement. Il apparaissait de plus en plus clairement que l'argumentation présentée en faveur de la liberté de l'Église sur la base des droits d'une "societas perfecta" d'origine divine, devenait illusoire. Et si cette doctrine ecclésiologique était toujours et légitimement enseignée, l'argumentation revendicative fondée sur elle se faisait de plus en plus rare. Seuls les travaux de certains théologiens et surtout canonistes leur accordaient imperturbablement une importance majeure. On la retrouve encore dans le rapport que présenta le cardinal A.Ottaviani lors de la préparation de Vatican II.

Mais ce Concile, explique R.Minnerath[7], "a résolument voulu placer le problème de l'Église et des sociétés politiques sur un terrain commun aux deux protagonistes. Elle l'a trouvé dans la notion juridique de liberté religieuse, que le droit contemporain range parmi les droits inaliénables de l'homme. C'est à l'émergence de ce nouveau principe unificateur d'une doctrine des relations des Églises et des États que nous assistons. L'accent se déplace maintenant de la distinction des "deux sociétés parfaites" à l'aménagement du cadre juridique garantissant à l'Église sa liberté dans la société civile. En somme l'Église s'efforce de parler le même langage que l'État, et de valoriser les principes de droit sur lequel ce dernier se fonde"(p.16-17). Mais quel État ?

### L'État "moderne" : compétence, mission

Exposer la pensée des autorités ecclésiastiques majeures de notre temps concernant le type de gouvernement mis en œuvre par l'État moderne implique que l'on se réfère à une certaine conception de l'État. Et le point de référence le plus adapté à la recherche entreprise ici est, on l'admettra sans peine, la position adoptée en ce domaine par des spécialistes dotés d'une réelle autorité dans les milieux ecclésiastiques[8].

L'État moderne, écrit-on, est né avec les temps modernes. Mais on ne peut oublier, ce disant, que depuis longtemps, l'étude du droit romain, sur la base des dispositions contenues dans le *Code*, les *Institutes* et les *Novelles* de Justinien, est poursuivie à Bologne, tandis que, à Montpellier, on s'adonne à l'étude du *Digeste*. "Combiné avec la redécouverte d'Aristote, ce mouvement détermine dans les études philosophiques un courant qui pénètre la vie politique. Cette étude du droit est l'étude laïque par excellence. A la fin du XIIIe siècle est proclamé le droit de légiférer dans tout le royaume : les légistes ont découvert la notion de puissance publique. A l'opposé de la notion féodale de la personnalité des rapports entre les hommes, les textes romains présentaient l'idée d'une puissance publique, postulat établi"[9]. Aussi, au XVIe siècle, un "territoire" est considéré plutôt comme un patrimoine collectif et non la propriété d'un chef. Et les "nations", autrement amples que les "nations" ethniques ou territoriales anciennes, ont tendance à donner à leur patrimoine culturel un cadre politique et un type de pouvoir à la mesure de leurs aspirations. Par ailleurs, le pouvoir pontifical est affaibli par les schismes, les hérésies, les déficiences. En même temps, apparaissent et se renforcent les signes d'émergence de l'individu, le développement de ses connaissances, le sens de sa dignité, la requête de son autonomie. Ce déploiement multiforme de tout ce qui est inspiré et animé par la "sécularité" naturelle de la communauté humaine connaît et répand une saveur d'émancipation à l'endroit du monde "religieux" très "englobant" que symbolise l'expression "Respublica christiana", devenue de plus en plus problématique au regard de l'historien. Car l'empire de l'Église est mis en question. Le clerc perd le monopole de la science. L'art et la littérature rechignent contre la tutelle ecclésiastique. Un idéal humain est substitué à l'idéal ascétique vécu "hors du monde" et parfois "en opposition avec lui". Un grand tournant est ainsi amorcé.

Comme témoin autorisé de l'aboutissement actuel de cette évolution, nous interrogerons le cardinal Pietro Pavan[10]. Il fut professeur puis Recteur de l'Université Pontificale du Latran. Son existence fut consacrée à l'enseignement, à des conférences et à des écrits sur les rapports entre l'Église et la société civile. Son rôle fut important pour l'élaboration de la Déclaration *Dignitatis humanae* de Vatican II sur la liberté sociale et civile en matière de religion. Il en fut de même lors de la rédaction de l'encyclique *Pacem in terris* de Jean XXIII, en 1963. En 1965, il publia *Libertà religiosa et pubblici poteri* (Milan, Ancora, 380p.). Il lui fut également demandé de fournir un commentaire de *Dignitatis humanae* pour la collection *Unam Sanctam* et pour le *Lexikon f.Theologie und Kirche*. En 1985, le Pape Jean-Paul II le créa cardinal. En 1986, il publia un commentaire court et dense de la Déclaration *Dignitatis humanae*, avec les quelques précisions qui étaient apportées depuis sa promulgation. C'est dans cette plaquette que le cardinal P. Pavan propose la quintessence de sa position sur l'État moderne : ses caractéristiques, sa compétence, sa fonction.

Jusqu'au milieu du XXe siècle, écrit-il, la majorité des canonistes et théologiens classiques défendaient la position suivante concernant la situation de l'Église dans l'État. En "thèse", l'État comme les individus étaient tenus d'honorer Dieu de la manière établie par Lui, et donc en professant publiquement la religion catholique, en reconnaissant aux seuls catholiques la liberté dans le domaine religieux, et sans reconnaître ce droit aux autres religions : à leur égard, l'État était tenu à exercer la tolérance pour des raisons de bien commun, et ce, à la mesure et dans les formes requises d'après les diverses circonstances historiques. Par ailleurs, par "hypothèse", lorsque la majorité des citoyens n'est pas catholique, l'État est obligé de reconnaître à la minorité catholique la liberté en matière de religion, pour ce motif que les catholiques sont dans la vérité.

Nous aborderons plus loin, avec quelques explications, la position du cardinal Ottaviani au moment du Concile Vatican II.

Or, poursuit le cardinal Pietro Pavan, "au cours des deux derniers siècles, un nouveau type d'État a été conçu et exprimé dans la réalité juridico-politique, en une gamme infinie de degrés et de formes : on l'appelle habituellement État moderne. Et celui-ci, dans la phase ultime de son élaboration, se présente comme un État de droit, démocratique, social, laïc, pluraliste". Des influences nombreuses et diverses ont conduit à cette doctrine de l'État. Mais on en souligne actuellement la source la plus dynamique, à savoir : "la conscience que les êtres humains ont déjà acquise — et qu'ils acquièrent de plus en plus — de leur propre dignité personnelle".

Et qu'advient-il alors des valeurs spirituelles, comme la création artistique, les convictions morales, les croyances religieuses, les théories scientifiques, les systèmes philosophiques, les opinions politiques ? En ce domaine, répond le cardinal P.Pavan, "l'État moderne se considère comme non compétent à émettre des jugements de valeur, *giudizi di merito*; mais cela ne signifie pas, dans la réalité, qu'il soit sceptique ou indifférent à l'égard de ces valeurs. Il considère au contraire qu'il est de sa tâche fondamentale de les promouvoir, mais dans les formes qui sont en pleine consonance avec la dignité de ses citoyens, à savoir en reconnaissant, respectant et protégeant les droits humains qui sont en rapport avec ces valeurs, et en y coopérant de manière efficace par la création dans la vie sociale des conditions aptes en lesquelles ces citoyens puissent trouver des moyens et des stimulants pour exercer leurs droits et pour remplir leurs devoirs respectifs. Demeurant toujours sauf le principe de l'égalité civile des uns à l'égard des autres et à l'égard des pouvoirs publics". L'encyclique *Pacem in terris*, ajoute Mgr Pavan, estime que ce genre d'État est un signe des temps.

Adopter une forme de gouvernement qui se présente comme État de droit, démocratique, pluraliste, social, laïc, c'est adopter en fait un certain nombre de "valeurs" qui fondent ce régime, qui sont impliquées par lui, qui sont incarnées en lui. Semblable forme de gouvernement, en effet, implique, incarne, rattache à l'ordre juridique la dignité et la prévalence de la personne humaine, la rationalité et la solidarité de tous les membres, telle règle de droit, telles libertés, bref une gamme de valeurs, d'après les réalisations concrètes si variées de ce type de régime politique.

Ainsi compris et vécu, l'État moderne peut dès lors représenter une des valeurs globales qui, avec d'autres valeurs générales d'ordre philosophique, social, culturel, religieux, économique, constituent le "faisceau de valeurs communes" qui, sans relâche, rendent effervescent et ramènent à convergence le processus historique tourbillonnant de la société européenne.

### Un témoignage actuel

Cette position doctrinale est reçue aujourd'hui, et plus couramment que le pense le "spectateur moyen". En voici une illustration parmi beaucoup d'autres. Au cours d'un colloque sur la future Europe entre chrétiens et soviétiques, à Klingenthal (Strasbourg) du 18 au 21 octobre 1989, les intervenants catholiques ont régulièrement fait mention des caractéristiques de l'État "moderne" : démocratique, pluraliste, social, voire laïc. Chacune des deux délégations comptait huit membres. Et voici ce que l'on apprend au fil de la lecture du Rapport de *Athéisme et Dialogue* [11].

Dans son discours d'ouverture, le Cardinal P.Poupard souligne que "liberté et démocratie, c'est là le seul avenir digne de l'Europe des personnes et des peuples au sein de la grande famille humaine" (p.292).

En présentant le résumé des travaux du Colloque, M. Franc Rodé, secrétaire du Conseil Pontifical pour le Dialogue avec les Non-Croyants, cite M.É.Poulat d'après qui "le régime normal, naturel des Églises dans le monde contemporain ne consiste pas à être intégrées dans la sphère de l'État, mais d'occuper l'espace public de la société civile. Nous sommes dès lors aux antipodes de la religion comme confinée dans le domaine 'privé' " (p.306). Puis il mentionne le P.J.-Y.Calvez pour qui "il y a lieu de créer une communauté politique qui laisse exister les instances, associations et sociétés culturelles et religieuses en lesquelles l'homme recherche et réfléchit librement aux fondements mêmes de la vie sociale et aux questions ultimes de l'existence" (p.307-308).

Suit un exposé du professeur N.Lossky, qui se termine comme suit : "Aujourd'hui, la société de la maison commune tend vers une société pluraliste, où des convictions différentes... sont appelées à vivre ensemble... Nous avons en France une notion qui s'appelle la laïcité. Elle est souvent mal comprise (mélange d'anticléricalisme et de neutralité fade). En réalité, elle est une notion riche et noble de pluralisme qui implique non pas un silence gêné mais un échange fructueux et enrichissant d'options diverses dans le respect des personnes" (p.312-313).

Poursuivant la lecture, on en arrive à la contribution personnelle de M.Franc Rodé sur les "bases de l'Europe unie". Il esquisse à cette occasion la position du Pape Jean-Paul II. "Le souci de l'unité européenne, avec une vision globale du futur de l'Europe, se dessine avec force dans le discours que fit Jean-Paul II au Parlement européen à Strasbourg, le 11 octobre 1988... Contrairement à ce que certains pourraient penser, le pape n'offre pas la vision d'une Europe spirituellement unitaire, il ne propose pas la vision d'une chrétienté médiévale, loin de là. Partant de la constatation que, sur le sol européen se sont développés, à l'époque moderne, des courants de pensée qui ont peu à peu écarté Dieu de la compréhension du monde et de l'homme, deux visions opposées alimentent une tension constante entre le point de vue des croyants et celui des tenants d'un humanisme agnostique et parfois même 'athée'. A cette vision correspondent deux attitudes sur la place de la religion dans la société : *Chez les uns, dit le pape, la liberté civile et politique, jadis conquise par le renversement de l'ordre ancien fondé sur la loi religieuse, est conçue comme allant de pair avec la marginalisation, votre la suppression de la religion, dans laquelle on a tendance à voir un système d'aliénation*'. En sens inverse, pour certains croyants, '*une vie conforme à la foi ne serait possible que par un retour à cet ordre ancien, d'ailleurs souvent idéalisé*'. Aucune des deux attitudes n'est valable, selon Jean-Paul II. Celle des croyants nostalgiques '*n'est pas compatible avec le message évangélique*'. Celle des non-croyants militants ne correspond pas *'au génie de l'Europe*'. Ce que le pape prône, c'est la '*pleine liberté civile*', et '*une liberté religieuse pleinement garantie* '. Et ceci est profitable aux croyants et aux non-croyants. Sous ce régime de liberté, '*la foi ne peut que gagner en vigueur en relevant le défi que lui adresse l'incroyance, et l'athéisme ne peut que mesurer ses limites devant le défi que lui adresse la foi*' " (p.316-317). On peut supposer que le secrétaire d'un Conseil Pontifical ne se sera pas avancé aussi loin, à l'occasion d'un semblable colloque, sans s'être assuré de ne pas trahir la pensée du Chef suprême de cet organisme.

Enfin, la lecture du Rapport de Klingenthal nous conduit à la contribution de M.R.Minnerath, intitulée "Démocratie et pluralisme en Europe". M.Minnerath, professeur à Strasbourg, est aussi consulteur à la Deuxième Section de la Secrétairerie d'État. "La démocratie sans adjectif, explique-t-il, est pluraliste par essence : pluralisme des opinions individuelles et de leur expression politique, comme conditions primordiales du fonctionnement d'institutions respectant l'alternance des partis, la séparation des pouvoirs, le contrôle de l'exécutif, l'indépendance du judiciaire... L'État de droit est seul capable de garantir l'application des droits de l'homme. Il suppose la neutralité idéologique de l'État, qui ne peut s'identifier avec aucune idéologie ou religion, ni avec une doctrine anti-religieuse. Il est une structure juridique au service des citoyens, dans laquelle est reconnue la primauté de la personne et de sa dignité comme source de droits imprescriptibles. En effet, la démocratie, garantie par l'État de droit, apparaît d'abord comme la mise en œuvre d'un système de valeurs. Aux origines des gouvernements du peuple par le peuple, il y a les *Déclarations des droits de l'homme*. Pour que les valeurs qui y sont généreusement affirmées donnent naissance à des normes de droit, il faut que ces valeurs soient portées par une communauté qui se reconnaît en elles. Le consensus est une nécessité intrinsèque de la démocratie : plus large est le spectre du pluralisme, plus intense doit être l'accord sur les fondements de la maison commune. Ce fondement consiste en des valeurs comme la dignité de la personne source de droits, l'antériorité de la personne par rapport à la collectivité, la solidarité sociale de tous les membres de la société, la prééminence de la règle de droit, le respect de la conscience d'autrui" (p.355-356). Tel est le genre de "valeurs" qui sont indispensables à un État de droit.

Mais comment les enseignements majeurs ecclésiastiques présentent-ils ces positions doctrinales ?

# LE PONTIFICAT DE PIE XII (1939-1958)

Ceux qui vécurent à l'époque de Pie XII ont conservé de lui le souvenir d'un pontife hiératique, prononçant de nombreux discours dans une concentration d'esprit impressionnante. Parmi les travaux qui ont analysé la personne, la personnalité et l'œuvre de Pie XII, signalons l'article, ciselé, de R.Aubert dans l'encyclopédie *Catholicisme*. Celui-ci reconnaît que Pie XII, dans le domaine des questions sociales, "n'a pas laissé d'exposés synthétiques comparables aux encycliques de Léon XIII ou de Pie XI", mais "il profitait de chaque occasion pour préciser l'un ou l'autre point concret ou redresser d'éventuelles erreurs". Il pouvait d'ailleurs compter sur l'aide et les recherches d'un petit groupe de jésuites allemands : "le P.Bea, son confesseur; le P.Leiber, son secrétaire, auquel il recourait fréquemment pour les questions relatives à l'Allemagne; le P.Hentrich, qui lui signalait les passages des revues à lire; le P.Hürth, pour les problèmes de morale familiale; le P.Gundlach, pour les problèmes sociaux" (t.XI,c303)[12].

## Pie XII et l'Europe

La papauté contemporaine s'est régulièrement engagée en faveur de la paix et de la justice[13]. Pie XII, à diverses reprises, s'est exprimé sur des problèmes relatifs à l'Europe[14]. En décembre 1953, appuyant les efforts des dirigeants européens à promouvoir la paix et les conditions socio-économiques de celle-ci, il leur en disait l'urgence tout en reconnaissant les risques de leur action. "Tout cela peut se faire, insistait-il, et il est même urgent que cela se fasse en Europe, en réalisant l'union continentale entre ses peuples, très différents certes, mais liés l'un à l'autre géographiquement et historiquement" (OR 25 déc.,1953;DC 1954,9). Il faut aller de l'avant sans craindre les risques, poursuivait Pie XII : "Pourquoi hésiter encore ? La fin est claire, les besoins des peuples sont sous les yeux de tous. A qui demanderait d'avance la garantie absolue du succès, il faudrait répondre qu'il s'agit certes d'un risque raisonnable". Il faut sans doute procéder avec prudence, avancer à pas calculés, mais pourquoi se défier justement du niveau élevé atteint par la science et la pratique politiques qui semblent suffisamment prévoir les obstacles et préparer les remèdes ? "Que l'heure grave où l'Europe se débat soit le principal motif d'agir : pour l'Europe, il n'y a pas de sécurité sans risques. Celui qui exige une certitude absolue ne montre pas sa bonne volonté envers l'Europe" (DC 1954,9-10). Et puisque nous en sommes aux encouragements et aux vœux de Pie XII, ajoutons ce qu'il confiait, un an avant sa mort, aux parlementaires de la Communauté européenne du charbon et de l'acier, la CECA, réunis à Rome : "Les résultats obtenus nous font bien augurer de l'avenir et Nous formons pour les travaux de votre assemblée les vœux les plus sincères. Les pays d'Europe qui ont admis le principe de déléguer une partie de leur souveraineté à un organisme supranational, entrent, croyons-Nous, dans une voie salutaire, d'où peut sortir pour eux-mêmes et pour l'Europe une vie nouvelle dans tous les domaines" (DC 1957,1500). Cette allocution date du 4 novembre 1957 (OR 4-5 nov.,1957).

Pie XII manifeste ainsi un intérêt incontestable, voire une insistance soutenue, en faveur d'une Europe forte, bien structurée, dotée de pouvoirs réels.

Cet état d'esprit s'explique-t-il uniquement par les exigences "intrinsèques" de l'existence chrétienne ? Il ne semble pas. L'évangélisation des populations européennes n'est pas ainsi liée à l'avènement d'une Europe politique. Mais Pie XII a vécu la guerre 1940-1945, il a perçu les séquelles des nationalismes exacerbés, et il a inlassablement incité les nations européennes à œuvrer à la réconciliation, à établir et à maintenir les conditions de la paix. L'attention de Pie XII se portait aussi et avant tout sur le renforcement des valeurs spirituelles dans la société européenne, en cette nouvelle phase de son évolution. En 1953, il en parlait aux membres du Collège de l'Europe (Bruges) : "Au delà de son but économique et politique, l'Europe unie doit se donner pour mission l'affirmation et la défense des valeurs spirituelles qui autrefois constituaient le fondement et le soutien de son existence... Nous voulons dire la Foi chrétienne authentique, comme base de la civilisation et de la culture qui est la sienne "(OR 16-17 mars,1953;DC 1953,396). Cette visée évangélisatrice était liée à un enjeu grave et sur lequel Pie XII revenait régulièrement : la montée en puissance des Soviétiques. Si bien que le rapprochement et la qualité chrétienne des fidèles de l'Ouest devenait une nécessité pour la défense d'un monde menacé par le totalitarisme athée propagé à l'Est.

C'est que, après Yalta, l'URSS acquiert bientôt comme zone d'influence — et de domination — la Pologne, la Tchécoslovaquie, la Hongrie, la Bulgarie, la Roumanie et la Yougoslavie, bref toute l'Europe centrale. Et l'Europe occidentale devient, en fait, le bastion de l'Europe "chrétienne". C'est ainsi que, parfois, les appels de Pie XII dépassent les frontières Est-Ouest : car, écrit-il dans son Message de Noël 1954, "dans les deux camps, ils sont des millions ceux qui ont conservé d'une façon plus ou moins vive l'empreinte du Christ; ils devraient au même titre que les croyants fidèles et fervents être appelés à travailler ensemble pour rénover la base de l'unité de la famille humaine" (OR 3-4 janv.,1955;DC 1955,75).

### Vers l'État moderne

Au cœur de ses appels à une Europe chrétienne, Pie XII propose des données doctrinales qui manifestent progressivement, et parfois avec une grande netteté, une avancée vers la conception moderne de l'État.

Dès la première encyclique *Summi Pontificatus*, du 20 octobre 1939, le successeur de Pie XI a rappelé les limites de la mission et de la compétence de l'État, qui est "de contrôler, aider et régler les activités privées et individuelles de la vie nationale pour les faire converger harmonieusement vers le bien commun". En effet, "considérer l'État comme une fin à laquelle toute chose doive être subordonnée et orientée ne pourrait que nuire à la vraie et durable prospérité des nations". La distinction État-Nation est très apparente. De plus, "la conception qui assigne à l'État une autorité illimitée... brise l'unité de la société supranationale, ôte son fondement et sa valeur au droit des gens... et rend difficile l'entente et la vie commune en paix" (AAS,t.31,1939,433-434). Cette dernière considération fait pressentir une position pro-européenne marquée.

En ce qui concerne les limites de la compétence de l'État et la place réservée aux "structures intermédiaires", selon le principe sociologique de la "subsidiarité", Pie XI déjà s'était prononcé avec vigueur et c'est lui désormais qui sera cité par les auteurs ecclésiastiques en ce domaine[15]. Dans l'encyclique *Quadragesimo*

*Anno* (15 mai 1931), écrite pour commémorer *Rerum Novarum* (1891), Pie XI traita en effet de l'ordre social et de l'évolution actuelle des conditions sociales, "qui font que bien des choses que l'on demandait jadis à des associations et groupements de format moyen ne peuvent plus désormais être accomplies que par de puissantes collectivités". Mais, précisait immédiatement le Pape, "il n'en reste pas moins indiscutable qu'on ne saurait ni changer ni ébranler ce principe si grave de philosophie sociale : de même qu'on ne peut enlever aux particuliers, pour les transférer à la communauté, les attributions dont ils sont capables de s'acquitter de leur propre initiative et par leurs propres moyens, ainsi ce serait commettre une injustice, en même temps que troubler d'une manière très dommageable l'ordre social, que de retirer aux groupements d'ordre inférieur, pour les confier à une collectivité plus vaste et d'un rang plus élevé, les fonctions qu'ils sont en mesure de remplir eux-mêmes. L'objet naturel de toute intervention en matière sociale est d'aider les membres du corps social, et non pas de les détruire ni de les absorber... Que les gouvernants en soient donc bien persuadés : plus parfaitement sera réalisé l'ordre hiérarchique des divers groupements selon ce principe de la fonction supplétive de toute collectivité, plus grandes seront l'autorité et la puissance sociale, plus heureux et plus prospère l'état des affaires publiques" (AAS,t.23,1931,p.203). On retrouve ici la crainte de l'emprise "totalitaire" des gouvernements de l'époque en Italie, en Allemagne, en Russie soviétique.

A l'époque de Pie XII, le thème reparaît régulièrement, et la légitimité de la présence et de l'action décidée des organismes intermédiaires est défendue en toute clarté. Ainsi, par exemple, dans la *Lettre autographe* du Pape à l'occasion du 50ème anniversaire des Semaines Sociales de France (Rennes,20-25 juillet 1954). Pour introduire le thème "Crise du pouvoir et crise du civisme", Pie XII rappelle à tous leurs droits et leurs devoirs. A côté des individus, il y a aussi la crise de divers groupes — "de syndicats patronaux ou ouvriers, de trusts économiques, de groupements professionnels ou sociaux" — qui ont acquis une puissance qui leur permet de peser sur le gouvernement. Certes, "l'enseignement de l'Église recommande-t-il l'existence, au sein de la nation, de ces corps intermédiaires qui coordonnent les intérêts professionnels"; mais les dirigeants de ceux-ci ne peuvent paralyser l'exercice du pouvoir politique. Les pouvoirs publics doivent exercer leur activité avec fermeté et indépendance, mais sans se substituer "indûment aux libres initiatives privées pour régir de façon immédiate l'économie sociale et les autres branches de l'activité humaine". En effet, la tâche de l'État "n'est pas, en principe, d'assurer directement les fonctions économiques, culturelles et sociales qui relèvent d'autres compétences; elle est bien plutôt d'assurer la réelle indépendance de son autorité, en sorte de pouvoir accorder à tout ce qui représente une puissance effective et valable dans le pays une juste part de responsabilité, sans péril pour sa propre mission de coordonner et d'orienter tous les efforts vers une fin commune supérieure" (OR 22 juil.,1954;DC 1954,965-966). Les structures intermédiaires, en l'occurrence, sont donc divers groupements puissants et entreprenants. Les travaux de cette Semaine Sociale développent en détail nombre d'aspects de la doctrine de l'État (voir DC 1954,967-1003).

Cet appel est d'autant plus indispensable que la vie sociale est devenue une énorme entreprise industrielle. "L'État moderne est en train de devenir une gigantesque machine administrative. Il étend la main sur presque toute la vie : l'échelle entière des secteurs politique, économique, social, intellectuel, jusqu'à la naissance et à la mort, il veut l'assujettir à son administration... Ainsi se dévoile l'origine et le point de départ de l'évolution qui jette dans l'angoisse l'homme moderne : sa dépersonnalisation. On lui a enlevé dans une large mesure son visage et son nom; dans beaucoup des activités les plus importantes de la vie, il a été réduit à un pur objet; et la société, puisque celle-ci à son tour est transformée en système impersonnel, en une froide organisation de forces" (Message de Noël 1952; OR 25 déc.,1952;DC 1953,6).

### La "démocratie"

Les Messages de Noël du Pape offrent régulièrement des prises de position fortes et fermes en faveur d'une série de libertés qu'évoque le terme "démocratie"[16].

Le Message de Noël 1939, déjà, est un appel pour que soient reconnues les justes requêtes des peuples, des nations et — on le notera — des minorités ethniques (OR 26-27 déc.,1939;DC 1940,104).

Le Message de décembre 1941 défend un ordre international, où "il n'y a pas place pour les atteintes portées à la liberté, à l'intégralité et à la sécurité des autres Nations, quelles que soient leur étendue territoriale ou leur capacité de défense"; où "il n'y a pas place pour l'oppression ouverte ou sournoise des particularités culturelles et linguistiques des minorités nationales, pour les entraves et les restrictions imposées à leurs capacités économiques, pour la limitation ou la restriction de leur fécondité naturelle"; où "il n'y a pas place pour les étroits calculs égoïstes tendant à accaparer les ressources économiques et les matières premières d'usage commun, de manière que les Nations les moins favorisées par la nature en soient exclues"... (AAS,t.34,1942,16-19).

Mais c'est le Message de décembre 1944 qui a le plus fortement marqué la position de Pie XII sur la démocratie face à des États dont l'absolutisme est devenu une menace de plus en plus redoutable pour les libertés inaliénables et pour la dignité même de la personne humaine. Ce Message développe trois thèmes : 1. Les qualités requises des citoyens sous un régime démocratique; 2. Les qualités requises des personnes qui détiennent le pouvoir dans un État démocratique; 3. Les conditions morales d'une organisation internationale capable de garantir la paix du monde (AAS 37,1945,11-21).

Dès l'Introduction, on peut lire : "Les peuples... instruits par une amère expérience, ... s'opposent de plus en plus impétueusement aux monopoles d'un pouvoir dictatorial, ... et ils requièrent un système de gouvernement qui soit plus compatible avec la dignité et la liberté des citoyens". Il est à peine nécessaire de rappeler ici que, selon les enseignements de l'Église "il n'est pas défendu de donner sa préférence à des formes de gouvernement qui soient tempérées par le rôle du peuple". En effet, c'est "l'homme lui-même qui, loin d'être l'objet et un élément positif de la vie sociale, est au contraire et doit en être et rester le sujet, le fondement et la fin" : "deve esserne e rimanerne, il soggetto, il fondamento e il fine" (AAS,t.37,1945,12).

Certes, la perspective d'ensemble de cette démocratie relève parfois d'une ecclésiologie marquée par un certain esprit de chrétienté. Mais, fait observer J.C.Murray, "Pie XII laisse totalement de côté l'ancien concept léonien de l'État-société éthique, avec sa double notion de bien commun et de la fonction quasi paternelle du pouvoir"[17]. Et même, si l'on donne sa pleine valeur aux termes "sujet", "fondement" et "fin", pourrait-on jamais demander plus en faveur des personnes humaines face aux pouvoirs publics ?

Le Message de Noël 1944 fournit ainsi une base de réflexion qui empêche de comparer indûment les représentants des pouvoirs publics à de bons pères de famille, justes à l'égard de sujets qui ont à se conduire comme des enfants dociles. Dans l'encyclique de Léon XIII *Immortale Dei* sur la constitution chrétienne des États, on peut lire en effet que "... dans l'ordre des choses visibles Dieu a créé des causes secondes, en qui se reflètent en quelque façon la nature et l'action divines, et qui concourent à mener au but où tend cet univers; ainsi a-t-il voulu que, dans la société civile, il y eût une autorité dont les dépositaires fussent comme une image de la puissance que Dieu a sur le genre humain, en même temps que de sa Providence. Le commandement doit donc être juste; c'est moins le gouvernement d'un maître que d'un père, car l'autorité de Dieu sur les hommes est très juste et se trouve unie à une paternelle bonté... De cette manière la suprématie du commandement entraînera l'hommage volontaire du respect des sujets. Ceux-ci, en effet, une fois bien convaincus que l'autorité des souverains vient de Dieu, se sentiront obligés en justice à accueillir docilement les ordres des princes et à leur prêter obéissance et fidélité, par un sentiment semblable à la piété qu'ont les enfants envers les parents"[18]. Semblable perspective est désormais dépassée.

Par contre, la façon dont était encore abordée l'analyse des conflits d'ordre social ne favorisait guère les changements ou les aménagements sociaux requis par une démocratie en marche. Cette analyse est proposée dans la *Lettre pontificale* envoyée au président du Conseil des Semaines sociales d'Italie, en vue de leur réunion de septembre 1958, consacrée au thème : "les classes et l'évolution sociale" (OR 21 sept.,1958;DC 1959,71-80). La vie sociale requiert pour un bon fonctionnement, y lit-on, "une différenciation d'organes" et, en ce sens, "les inégalités apparaissent comme une condition de la vie sociale". Ainsi s'expliquent "les différences réellement fondées et sanctionnées par la volonté du Créateur ou par des normes surnaturelles". Certes, cette estimation ne s'applique pas aux différences qui sont "le fruit du privilège, du favoritisme, des protections, de l'exploitation inhumaine qui lèsent toute forme de justice et que l'Église sait devoir attribuer foncièrement au déséquilibre inné de l'homme blessé par le péché originel" (c.73). L'œuvre de conciliation sociale promue par l'Église est régie par le principe de la solidarité effective entre les diverses classes. "L'Église ne cesse d'agir d'une façon effective pour que l'apparente opposition entre

le capital et le travail, entre patrons et ouvriers, se résolve en une
unité supérieure, dans cette collaboration organique, indiquée par
la nature elle-même, de l'une et l'autre partie... dans des
groupements corporatifs" (c.76). Le Pape, dès lors, souhaite "que
ne soit pas trop éloigné le temps où toutes les organisations
d'auto-défense, rendues nécessaires par les faiblesses du système
économique actuel et surtout par le manque d'esprit chrétien,
pourront cesser leur activité" (c.77). Se comportant ainsi, l'Église
ne doit pas être accusée "d'irrésolution ou d'hostilité aux formes
sociales en progrès. Dans chaque phase historique, elle s'est
efforcée d'influer sur les structures sociales de la vie publique,
selon l'esprit de l'Évangile, mais les transformations promues par
elle se sont toujours opérées quand les temps étaient mûrs et
lentement" (c.78). C'est la charité qui est "l'intégration nécessaire
et la perfection de la justice dans le règlement de toutes les
relations sociales". C'est là un aperçu plutôt embryonnaire sur
l'origine, le rôle, la conduite et l'animation spirituelle des conflits
sociaux.

Et même en ce qui concerne la démocratie, le P.Leiber, qui fut
le secrétaire privé de Pie XII pendant de nombreuses années, a
tenu, un mois seulement après la mort de celui-ci, à préciser la
position doctrinale du Pape, afin d'éviter des récupérations
abusives. "Ceux qui ont interprété son enseignement sur la
démocratie, donné dans son radio-message de Noël 1944, comme
une louange de la démocratie mise au-dessus de toutes les autres
formes de gouvernement, l'ont mal compris. Le Pape avait autre
chose en vue dans son message, il voulait montrer que, lorsqu'un
pays choisit la démocratie, cela exige de la part des citoyens
davantage de maturité et de valeur morale, sinon il risque de
tomber dans une démocratie purement formelle pour aboutir à la
dictature des masses ou à la tyrannie. De ce point de vue, ce
message est aujourd'hui encore plus actuel qu'il ne l'était il y a
quatorze ans"[19].


### Société "pluraliste" et "liberté religieuse"

A certains moments, Pie XII est aussi amené à se poser la
question de la "liberté religieuse" dans la "société pluraliste"[20].

Le 6 décembre 1953, lors de l'Assemblée nationale de l'Union
des juristes italiens, Pie XII développa le thème : "La pluralité des

confessions religieuses devant la loi" (OR 7-8 déc.,1953; DC 1953,1601-1608).

Dans la communauté des peuples, dit le Pape, "telle qu'elle est aujourd'hui en partie réalisée mais que l'on tend à réaliser et à consolider à un degré plus élevé et plus parfait" (c.1606), on rencontre des catholiques ainsi que des non-catholiques. Alors ? Quelle solution proposer pour l'État ? Quelle solution suggérer pour l'Église ?

Et d'abord, pour l'État. Voici, en résumé, ce que propose Pie XII. "Ce qui ne répond pas à la vérité et à la morale n'a objectivement aucun droit à l'existence, ni à la propagande, ni à l'action" (c.1606). Faut-il pour autant "empêcher cela par le moyen des lois d'État et de dispositions coercitives" ? Pas nécessairement, et ce, "dans l'intérêt d'un bien supérieur plus vaste". En effet, explique alors le Pape, le devoir de réprimer "doit être subordonné à des normes plus hautes et plus générales qui, dans certaines circonstances, permettent et même font peut-être apparaître comme le parti le meilleur celui de ne pas empêcher l'erreur, pour promouvoir un plus grand bien".

Il importe de suivre dans le détail l'argumentation du Pape qui, pour fixer sa position, prend appui sur l'exemple du comportement qu'il attribue à Dieu lui-même. "Bien qu'il lui soit possible et facile de réprimer l'erreur et la déviation morale, Dieu peut-il choisir dans certains cas de 'ne pas l'empêcher' sans entrer en contradiction avec son intime perfection ? Peut-il se faire que, dans des *circonstances déterminées*, il ne donne aux hommes aucun commandement, n'impose aucun devoir, ne donne même aucun droit d'empêcher et de réprimer ce qui est faux et erroné ? Un regard sur la réalité autorise une réponse affirmative. Elle montre que l'erreur et le péché se rencontrent dans le monde dans une large mesure. Dieu les réprouve; cependant, il leur permet d'exister. D'où l'affirmation : 'l'erreur religieuse et morale doit toujours être empêchée quand c'est possible, parce que sa tolérance est en elle-même immorale', ne peut valoir dans un sens *absolu et inconditionné* ". Voilà pour le comportement divin.

Mais Dieu n'a-t-il pas confié cette tâche aux pouvoirs publics ? "D'autre part, poursuit Pie XII, même à l'autorité humaine, Dieu n'a pas donné un tel précepte absolu et universel, ni dans le domaine de la foi ni dans celui de la morale. On ne le trouve ni dans la conviction commune des hommes, ni dans les sources de la révélation, ni dans la pratique de l'Église. Sans parler ici d'autres textes de la Sainte Écriture qui se rapportent à cet argument, le Christ, dans la parabole de la zizanie, a donné l'avertissement suivant : 'Dans le champ du monde, laissez croître la zizanie avec la bonne semence, à cause du froment' (Cf. Matth.XIII,24-30)."

D'où, cette conclusion en ce qui concerne l'État et ses obligations : "Le devoir de réprimer les déviations morales et religieuses ne peut donc être une norme ultime d'action. Il doit être subordonné à des *normes plus hautes et plus générales* qui, *dans certaines circonstances* , permettent et même font peut-être apparaître comme le parti le meilleur celui de ne pas empêcher l'erreur, pour pomouvoir *un plus grand bien* ." (c.1605-1606).

Et qu'en est-il pour l'Église ?

D'abord, en ce qui concerne l'erreur dogmatique ou la déviance morale : "Sur ce point, il n'y a jamais eu et il n'y a pour l'Église aucune hésitation, aucune pactisation, ni en théorie ni en pratique. Son attitude n'a pas changé durant le cours de l'histoire, et elle ne peut changer" (c.1607).

Ensuite, par rapport à la "tolérance" ? "Même dans des cas où l'on pourrait procéder à la répression, l'Église — eu égard à ceux qui avec une bonne conscience (même erronée mais incorrigible) sont d'opinion différente — s'est vue incitée à agir et a agi selon cette tolérance après que, sous Constantin le Grand et les autres empereurs chrétiens, elle fut devenue Église d'État, mais ce fut toujours pour des motifs plus élevés et plus importants; ainsi fait-elle aujourd'hui et fera-t-elle dans l'avenir, si elle se trouve en face de la même nécessité. Dans de tels cas particuliers, l'attitude de l'Église est déterminée par la volonté de protéger le *bonum commune* : celui de l'Église et celui de l'État dans chacun des États d'une part et, de l'autre, le *bonum commune* de l'Église universelle, du règne de Dieu sur le monde entier. Pour apprécier le pour et le contre dans la détermination de la *quaestio facti*, l'Église n'observe pas d'autres normes que celles que Nous avons déjà indiquées pour le juriste et l'homme d'État catholique" (c.1607-1608). C'est ainsi qu'il faut entendre les conventions, concordats et traités de l'Église avec des États souverains.

On a constaté, dans l'argumentation du Pape, l'influence d'une sorte d'axiome courant dans les discussions de cet ordre jusqu'au milieu du XXe siècle : "l'erreur n'a pas de droits". On n'y recourt plus aujourd'hui. Non point pour dire et estimer désormais que l'erreur est un "bien". Ni pour inciter à ne pas s'efforcer de rectifier les erreurs en cours. Mais, pour les juristes, ce sont les "personnes" qui ont des droits, et les erreurs devraient être rectifiées par le dialogue sous toutes ses formes et par des démarches humaines et personnelles.

Par ailleurs, la manière dont l'exposé pontifical parle de la "tolérance", et de l'attitude de Dieu lui-même à ce propos, montre que la réflexion s'avance vers la position qui deviendra celle de la "liberté religieuse", y compris l'allusion à la parabole du Christ sur le froment et la zizanie. A ce moment, le terme même de "tolérance", au sens de "tolérer un mal", sera écarté[21].


## Une nouvelle étape dans la réflexion

Entre-temps, la réflexion se poursuit, comme le montre une autre occasion, et non dénuée d'importance.

Dans un Discours aux membres du Xème Congrès international des sciences historiques tenu à Rome le 7 septembre 1955, le pape déclara : "L'Église regarde comme un idéal l'unité du peuple dans la vraie religion et l'unanimité d'action entre elle et l'État. Mais elle sait aussi que, depuis un certain temps, les événements évoluent plutôt dans l'autre sens, c'est-à-dire vers la multiplicité des confessions religieuses et des conceptions de vie dans la même communauté nationale, où les catholiques constituent une minorité plus ou moins forte. Il peut être intéressant, et même surprenant, pour un historien de rencontrer aux États-Unis d'Amérique, un exemple parmi d'autres de la manière dont l'Église réussit à s'épanouir dans les situations les plus disparates" (OR 9 sept.,1955;DC 1955,1224).

On apprend par là que le Pape a constaté que la liberté de l'Église peut s'exercer très valablement dans un contexte socio-politique qui n'est pas d'inspiration catholique. Cela lui paraît non seulement "surprenant", mais même "intéressant". Puis le cours de sa pensée rencontre un obstacle : ce n'est pas la situation "idéale". On n'apprend rien ici de la réflexion qui s'en est suivie. Car il peut s'agir, dans l'esprit du pape, d'un "idéal théorique", en ce sens qu'il désirerait que tous les citoyens de tous les pays deviennent disciples du Christ. Mais il pourrait s'agir également, de manière plus ou moins claire, d'un "idéal ecclésiologique", à savoir une doctrine de la théologie de l'Église qui envisage la possibilité de l'établissement universel de la royauté messianique ici-bas dans un avenir plus ou moins éloigné, mais avant la fin des temps.

En tout cas, Pie XII, dont le pontificat fut brillant, n'envisageait nullement d'en revenir aux années les plus "glorieuses" du Moyen âge. Il n'acceptait même pas que l'on identifie "culture du moyen âge" et "culture catholique". La culture du Moyen âge elle-même, disait-il à ces historiens réunis à Rome, "on ne peut pas la caractériser comme la culture catholique; elle aussi, bien qu'étroitement liée à l'Église, a puisé ses éléments à des sources différentes. Même l'unité religieuse propre au Moyen âge ne lui est pas spécifique : elle était déjà une note typique de l'antiquité chrétienne dans l'empire romain d'Orient et d'Occident, de Constantin le Grand à Charlemagne. L'Église catholique ne s'identifie avec aucune culture : son essence le lui interdit" (OR 9 sept.,1955;DC 1955,1225-1226).

Au cours de ce même Discours, Pie XII fit allusion à certaine théorie médiévale "conditionnée par l'époque" et impliquée dans le discours que Boniface VIII adressait, le 30 avril 1303, aux envoyés du roi germanique Albert de Habsbourg : "sicut luna nullum lumen habet, nisi quod recipit a sole, sic nec aliqua terrena potestas aliquid habet nisi quod recipit ab ecclesiastica potestate... omnes potestates... sunt a Christo et a nobis tamquam a vicario Jesu Christi"[22] : "de même que la lune n'a pas d'autre lumière que celle qu'elle reçoit du soleil, tout pouvoir terrestre n'a d'autre autorité que celle qu'il reçoit de la puissance ecclésiastique... Tout pouvoir... vient du Christ et de Nous, en tant que vicaire de Jésus-Christ". (c.1223). C'était là un rappel, sans aucune nuance d'approbation.

### Une "saine et légitime laïcité"

Le 23 mars 1958, Pie XII recevait en audience la colonie des Marches vivant à Rome. Le Pape évoqua à leur intention l'histoire de leur région, le rôle providentiel qu'elle connut, tout en ajoutant qu'ils devaient considérer l'Italie comme la "patrie"; et il terminait en faisant appel à leur attachement à l'Église. Mais, à un certain moment, comme "en passant", Pie XII leur dit : "Il y en a en Italie, qui s'agitent parce qu'ils craignent que le christianisme prenne à César ce qui est à César. Comme si donner à César ce qui lui appartient n'était pas un commandement de Jésus; comme si la légitime et saine laïcité de l'État n'était pas un des principes de la doctrine catholique, *come se la legittima sana laicità dello Stato non fosse uno dei principi della dottrina cattolica*" (OR 24-25 mars,1958;DC 1958,456).

Pourquoi cette réaction qui dépassait considérablement les discussions habituelles de ses auditeurs ? On peut supposer que des journalistes ou même certains canonistes s'exprimèrent, à l'époque, d'une manière telle que le Pape estima opportun de leur répondre, à l'occasion d'une allocution de portée limitée, brièvement mais clairement.

A l'époque, en tout cas, la vie politique italienne était secouée à la suite d'un article publié sous la signature du Secrétaire du Saint-Office, le cardinal A.Ottaviani, dans *Il Quotidiano* du 21 janvier 1958, sous le titre *Servir l'Église ou s'en servir*. La presse italienne estima que des représentants du parti démocrate-chrétien étaient visés. La polémique devint aiguë. Le 26 janvier, *L'Osservatore Romano* fit paraître une mise au point : tout en rappelant que la Démocratie chrétienne agissait "sous sa propre responsabilité", il reconnaissait qu'elle avait trouvé sur son chemin "de grandes difficultés" (DC 1958,217-222). Le passage le plus controversé de cet article était le suivant : "Il y a même des catholiques exerçant une autorité politique qui osent prendre le parti de ceux qui non seulement offensent l'Église, mais la massacrent effrontément". Le cardinal Ottaviani a publié cet article quelques années plus tard en traduction française, et le passage incriminé a été notablement adouci[23].

Quoi qu'il en soit de cette coïncidence, la position de Pie XII n'était pas neuve; elle avait même été explicitée dans une revue que le pape a pu lire, à savoir un article du P.A.Messineo,s.j., dans la *Civiltà cattolica* du 19 janvier 1952, et intitulé *Stato laico e Stato laicizzante*. "L'État et par conséquent la vie politique", écrivait le P.Messineo, "sont essentiellement laïques, étant donné qu'ils embrassent exclusivement l'aspect profane et temporel de l'existence humaine, le bien-être terrestre extérieur nécessaire au perfectionnement de la personne humaine dans le pur ordre social et civil" (p.135). Cette doctrine "appartient à la substance même du message évangélique et de la doctrine sociale catholique, et fait partie de la civilisation instaurée par le christianisme" (p.135). Un peu plus loin, l'auteur répète que le "laïcisme" tel qu'il vient de l'expliquer et tel qu'il le comprend, est "une partie substantielle de la doctrine catholique et un aspect fondamental de la civilisation chrétienne" (p.137)[24].

Et déjà quelques années plus tôt, le 28 août 1946, *L'Osservatore Romano* publia un article intitulé *Laicità e laicismo*, par lequel F. Rossi entendait préciser le terme et la notion de laïcité. Nous nions l'antithèse absolue entre État chrétien et État laïc, écrivait-il. Nous affirmons au contraire que l'État laïc, dans sa signification première et essentielle, a ses origines dans l'Évangile et dans l'Église, qui "distinguent" société civile et société religieuse. Ainsi, tout d'abord, la laïcité peut exprimer "la souveraine autorité de l'État dans son domaine d'ordre temporel, son droit de diriger, lui seul, toute l'organisation politique, judiciaire, administrative, fiscale, militaire et, en général, tout ce qui concerne la technique politique et économique". Ensuite, la laïcité de l'État comporte, comme résultante, "la laïcité des personnes attachées au service de l'État, depuis son chef jusqu'au dernier des fonctionnaires", sauf cas exceptionnels. Enfin, la laïcité de l'État peut s'exprimer dans un système constitutionnel, en vertu duquel l'État n'impose pas aux citoyens, directement ou indirectement, la profession d'un Credo, d'une orthodoxie, d'un conformisme; il n'impose ni ne favorise des actes ou des pratiques chez les fonctionnaires ou les citoyens... selon ses préférences; il ne conditionne pas à la profession d'opinions ou de confessions religieuses déterminées la jouissance des droits civils et politiques, et l'admission aux emplois publics". Se comportant ainsi, conclut-il, "l'État laïc peut être en même temps État chrétien". Suit un exemple : "en tout cas, les États-Unis sont, aujourd'hui, un État chrétien et laïque" (DC 1946,c.1083-1086).

En réalité, à ce moment, la question du rapport Église-État était en pleine révision. — Ceux qui ont vécu à l'époque de Pie XI et de l'Action catholique se rappelleront que, en ces temps-là, disons 1925-1935, les catholiques étaient appelés à rétablir la royauté du Christ dans la vie et les institutions publiques. Une chrétienté, peut-être, mais très modeste, puisque depuis Léon XIII il était entendu que la société civile et la société ecclésiastique étaient deux sociétés parfaites et souveraines en leur domaine propre : bref, la référence à une chrétienté "médiévale" était plus "littéraire" qu'adéquate.— Puis, vers 1935-1945, les recherches furent dominées par les idées de J.Maritain et par l'image de sa "nouvelle chrétienté", avec l'autonomie du temporel, le pluralisme, les démarches vitalement chrétiennes, mais comportant aussi, "dans sa spécification proprement politique une imprégnation chrétienne" (*Humanisme intégral*, 1936,p.181). — Vint alors, au cours des années 50, un effort laborieux d'une reconnaissance plus nette de la sécularité, de la "laïcité" de l'État, que l'on disait laïc "parce que chrétien", laïc "et" chrétien, laïc "d'inspiration philosophique chrétienne".— Enfin, à l'époque du Concile Vatican II, et notamment, mais pas seulement, de par la *Déclaration sur la liberté sociale et civile en matière de religion*, une majorité de chrétiens ont accepté la conception dite "moderne" de l'État, compte tenu de la portée précise donnée à cette expression dans les milieux catholiques, par exemple dans celle du cardinal P.Pavan rappelée au début de cette étude[25].

Le temps de Pie XII était celui des années 50, et l'on retrouve à l'époque quelques exemples caractéristiques de cette laborieuse recherche en cours.

Qu'on lise en ce sens l'article que le P.A.Messineo publia dans la *Civiltà cattolica* trois mois après celui qui a été cité ci-avant[26]. Il est intitulé *Laicismo politico e dottrina cattolica*. Répliquant à des défenseurs du laïcisme politique anticlérical qui présentaient celui-ci comme le résultat d'une évolution doctrinale recevable, A.Messineo décrivait ensuite l'authentique laïcisme qu'il défendait. Or, ses mises au point et ses précisions montrent que son laïcisme n'était pas encore celui qui sera proposé à la suite de Vatican II.

Autre illustration des réflexions en cours : l'article publié dans *Documentos*, n°10, de 1952, par M.Carlos Santamaria[27], un des animateurs des Conférences catholiques internationales de Saint-Sébastien. Ces rencontres rassemblaient chaque année à San-Sebastián des sociologues et philosophes de tendance démocrate chrétienne, alors que le régime espagnol était dirigé par le général Franco. *"État confessionnel catholique"* ou *"État d'inspiration chrétienne"*, écrit-il. Il passe en revue les idées de Maritain et du P.Congar. Il évoque les craintes de plus en plus vivement formulées de voir un État intervenir dans des questions qui relèvent de la conscience. Il note la nécessité, pour l'État, d'un "fair play confessionnel", là où une majorité religieuse serait dominante. Il raisonne dans l'hypothèse d'une société "catholique" aboutissant à un "État catholique" : mais, dit-il, quand une société est-elle "catholique" ? Alors, l'idéal serait "que la société soit chrétienne, non seulement dans le sens juridique, mais surtout dans le sens sociologique de cette expression, et que l'État constitué par cette société soit lui-même comme un reflet spontané de telle situation" (c.749). Mais si cette foi collective menait à des déviances ? "Il faudrait corriger ce fanatisme par l'éducation et redresser les consciences dans le sens du respect et de la liberté des autres" (c.750). On perçoit le va-et-vient de la réflexion, ainsi que la grande loyauté du sociologue.

# L'ÉPOQUE DE JEAN XXIII (1958-1963)

On attendait un pape de "transition", et qui permettrait notamment de combler les postes de la Curie laissés ouverts par Pie XII. Et l'histoire parle aujourd'hui d'un pape de "mutation"[28]. Une mentalité plutôt "traditionnelle" unie à un esprit d'indépendance accusé. En rien intellectuel du genre universitaire, Jean XXIII jouissait d'une réelle culture en ce qui concerne l'histoire de l'Église au début de l'époque moderne. Il n'était pas l'homme d'un parti, d'un groupe : il était lui-même, simple, sans apprêts, humain véritablement, avec une saveur évangélique, une habileté sans fracas, et prenant des décisions de son cru. Certes, on n'a de lui aucun discours imposant sur l'Europe en devenir, mais ses gestes et ses comportements ont métamorphosé le climat de nombreux secteurs ecclésiastiques sur tous les continents. On lui doit la surprenante décision de convoquer un Concile œcuménique : responsabilité que ses prédécesseurs n'avaient pas osé assumer. Les deux encycliques qui marquèrent sa brève existence romaine — *Mater et Magistra*, du 15 mai 1961, et *Pacem in terris*, du 11 avril 1963 — sont porteuses d'un enseignement sur la société qui est en profonde harmonie avec ce que tout citoyen requiert d'un État de droit.

## L'encyclique "Mater et Magistra"

Datée du 15 mai 1961, mais paraissant le 15 juillet parce que Jean XXIII désirait que les traductions paraissent en même temps que le texte latin officiel de l'*Osservatore Romano*, l'encyclique *Mater et Magistra* traite des "récents développements de la question sociale à la lumière de la doctrine chrétienne"[29]. Après avoir rappelé les encycliques *Rerum Novarum* (1891) et *Quadragesimo Anno* (1941) ainsi que le Radio-Message de la Pentecôte 1941 de Pie XII, Jean XXIII s'adresse à son tour aux chrétiens, "aux fidèles du monde entier". C'est qu'aujourd'hui, le monde poursuit son évolution dans le domaine scientifique, économique, social, politique : participation accrue à la vie politique, indépendance des peuples d'Afrique et d'Asie, interdépendance grandissante entre les peuples, création d'organismes mondiaux s'inspirant de critères supranationaux.

Les commentateurs ont relevé immédiatement l'intention pastorale du document, le côté pratique de nombreuses orientations, le ton même très personnel de certains passages, l'attitude positive et constructive des jugements de sagesse. Ici, étant donné l'objet limité de cette étude, il nous suffira de remémorer quelques données qui ne pourront que faire progresser la prise en compte de la conception moderne de l'État.

*L'Osservatore Romano* du 15 juillet 1961 a publié l'encyclique en latin et en italien; nous suivons la traduction française de la *Documentation catholique* du 16 août 1961,945-990.

*Première donnée* : le principe de subsidiarité. "La présence de l'État dans le domaine économique, si vaste et pénétrante qu'elle soit, n'a pas pour but de réduire de plus en plus la sphère de liberté de l'initiative personnelle des particuliers; tout au contraire elle a pour objet d'assurer à ce champ d'action la plus vaste ampleur possible, grâce à la protection effective, pour tous et pour chacun, des droits essentiels de la personne humaine" (DC 1961,955).

Parlant de la "subsidiarité", les enseignements ecclésiastiques se réfèrent régulièrement à Pie XI, qui en souligna le principe. Mais c'était en d'autres circonstances. A l'époque, en 1937 notamment, le péril à combattre était représenté par les régimes totalitaires : nazisme, communisme, fascisme. Depuis la fin de la guerre, le foisonnement de transformations sociales a conduit à un autre phénomène, appelé "socialisation", qui, lui aussi, avec des avantages, peut mener à un certain étouffement.

La 47e session des Semaines sociales de France (Grenoble,12-17 juillet 1960) avait précisément pour thème : "Le mouvement de socialisation : risques et chances". Et la *Lettre pontificale* adressée à cette occasion par le cardinal D.Tardini à M.Alain Barrère, président, décrit précisément l'histoire du principe de subsidiarité et la manière différente d'y faire appel dans les circonstances politiques, sociales et même culturelles qui marquent la société et peuvent, à leur manière, nuire à la liberté des personnes et à celle des divers corps intermédiaires. La lecture de cette Lettre du cardinal D.Tardini est très éclairante en ce sens (OR 13 juil.,1960;DC 1960,939-944).

Cela dit, on ne s'étonnera pas de voir Jean XXIII aborder aussi le thème de la "socialisation".

*Deuxième donnée* : la "socialisation". Le phénomène, souligne l'encyclique, manifeste une amplitude considérable et grandissante. Il est lié à "la multiplication progressive des relations dans la vie commune", fruit de la tendance "à l'association en vue d'atteindre des objectifs qui dépassent les capacités et les moyens dont peuvent disposer les individus". Mais il en résulte une intervention croissante des pouvoirs publics, non seulement en des domaines fondamentaux, mais "même dans les domaines les plus délicats : soins médicaux, instruction et éducation des générations nouvelles, orientation professionnelle, méthodes de récupération et de réadaptation des sujets diminués".

La "socialisation" propose et garantit un nombre impressionnant d'avantages, et dans tous les domaines de l'existence, du travail jusqu'aux loisirs, de la santé jusqu'à la vie intellectuelle. Mais elle exige et promeut des formes multiples d'organisation, de réglementation juridique, des ambiances culturelles qui peuvent aussi limiter ou freiner la "pensée indépendante", l'"initiative propre", la "responsabilité personnelle". Et ce, pour les "corps intermédiaires" comme pour les "individus".

Le remède ? Inventer, en quelque sorte, un "ordre renouvelé" entre la "coordination en temps opportun et l'orientation venue des pouvoirs publics" d'une part et, de l'autre, "l'exigence de collaboration autonome apportée par tous".

C'est là, a-t-on dit, une requête de sagesse, assez globale pour être comprise par tous, mais qui n'aborde guère les précisions techniques que certains lecteurs plus spécialistes auraient désiré recevoir. Mais l'encyclique était adressée à "tous les fidèles du monde entier"... (DC 1961,955-957).

*Troisième donnée* : la "participation". Le passage sur ce point n'est pas long. L'intention de Jean XXIII n'était pas de reprendre les considérations théoriques étayant les comportements sociaux. Il voulait plutôt en montrer les diverses formes d'application à faire en tous les secteurs de l'existence. Dans le cas présent, il s'agit des processus de production.

"La justice doit être observée non seulement dans la répartition des richesses, mais aussi au regard des entreprises où se développent les processus de production. Il est inscrit, en effet, dans la nature des hommes, qu'ils aient la possibilité d'engager leur responsabilité et de se perfectionner eux-mêmes là où ils exercent leur activité productrice. C'est pourquoi, si les structures, le fonctionnement, les ambiances d'un système économique sont de nature à compromettre la dignité humaine de ceux qui s'y emploient, à émousser systématiquement leur sens des responsabilités, à faire obstacle à l'expression de leur initiative personnelle, pareil système économique est injuste, même si, par hypothèse, les richesses atteignent un niveau élevé et sont réparties suivant les règles de la justice et de l'équité" (DC 1961,959-960).

*Quatrième donnée* : la "dimension mondiale" de tout problème humain important, avec toutes les conséquences qui en découlent : entente, solidarité, collaboration. "Les progrès des sciences et des techniques dans tous les domaines de la vie sociale multiplient et resserrent les rapports entre les nations, rendent leur interdépendance toujours plus profonde et vitale. Par suite, on peut dire que tout problème de quelque importance et quel qu'en soit le contenu, scientifique, technique, social, politique, culturel, revêt aujourd'hui des dimensions supranationales et souvent mondiales. C'est pourquoi, prises isolément, les communautés politiques ne sont plus à même de résoudre convenablement leurs plus grands problèmes par elles-mêmes et avec leurs seules forces, même si elles se distinguent par une haute culture largement répandue, par le nombre et l'activité de leurs citoyens, par l'efficience de leur régime économique, par l'étendue et la richesse de leur territoire. Les nations se conditionnenent réciproquement, et on peut affirmer que chacune se développe en contribuant au développement des autres. Par suite, entente et collaboration s'imposent entre elles (DC 1961,979-980).

Ces quelques données sont reprises d'une encyclique qui aborde une foule de problèmes concrets en tous les secteurs de la vie sociale. Elles montrent bien leur soubassement théorique, à savoir : les requêtes d'une doctrine déjà courante sur les droits fondamentaux de toute personne humaine. Toutefois, l'encyclique *Pacem in terris* touche très directement cette question. Et c'est elle que nous abordons maintenant.


### L'encyclique "Pacem in terris"

En octobre 1962, l'intervention personnelle de Jean XXIII dans la "crise de Cuba" aboutit à un arrangement *in extremis* entre le président J.Kennedy et N.Krouchtchov. Peu après, en novembre, le Pape déclarait son intention d'écrire une encyclique sur le thème de la paix, et il rassemblait à cet effet quelques citations bibliques et diverses réflexions[30]. Il fit ensuite appeler le professeur Pietro Pavan pour donner corps à son projet, et il lui communiqua les orientations qu'il désirait voir exprimées. Comme tout le monde était au courant de la maladie du pape, P.Pavan hâta le travail et, le 7 janvier, il présenta une première rédaction. Quelques organismes de la Curie romaine furent associés à cette élaboration, avec notamment le cardinal A.Ottaviani ainsi que le P.L.Ciappi, théologien officiel du pape. Les experts consultés firent remarquer, avec des nuances, que la cinquième partie de l'encyclique "posait des problèmes". *Pacem in terris* parle des droits inviolables de tout être humain, de la distinction entre les personnes et les mouvements, des signes des temps, des droits de la conscience. Jean XXIII désirait que l'encyclique parût le Jeudi-Saint, et elle a été en effet datée du 11 avril 1963. Elle fut publiée en latin dans *L'Osservatore Romano* le 11 avril, en même temps que paraissaient les traductions, cette fois aussi en langue russe. Envoyée "à tous les hommes de bonne volonté", l'encyclique *Pacem in terris* concerne "la paix entre toutes les nations, fondée sur la vérité, la justice, la charité, la liberté" (OR 11 avr.,1963;DC 1963,513-546). Nous en rappelons les nombreux passages qui se rapportent à la conception moderne de l'État.

L'impact de cette encyclique fut considérable. Le cardinal M.Roy, à l'occasion du Xème anniversaire de cette publication, en a proposé une sorte de bilan, en y ajoutant un aperçu sur les nouveaux problèmes du moment (Lire ses *Réflexions* dans DC 1973,406-418).

*Première partie* : "L'ordre entre les êtres humains".

Tout d'abord, "le fondement de toute société bien ordonnée et féconde, c'est le principe que tout être humain est une personne, c'est-à-dire une nature douée d'intelligence et de volonté libre. Par là même il est sujet de droits et de devoirs, découlant les uns des autres, ensemble et immédiatement, de sa nature : aussi sont-ils universels, inviolables, inaliénables".

En particulier, "chacun a le droit d'honorer Dieu suivant la juste règle de la conscience et de professer sa religion dans la vie privée et publique" (c.515-516). Tel est le texte de la traduction française publiée par les Éditions polyglottes vaticanes.

Dans le texte latin publié par *L'Osservatore Romano* et présenté comme officiel le 11 avril 1963, on trouve : "secondo el dettame della retta coscienza" (selon le jugement de la conscience droite). Alors, quel était le texte fidèle à l'intention de Jean XXIII ? Pour Mgr P.Pavan, le pape était au courant de l'existence de deux positions doctrinales de fond sur le droit à la liberté religieuse. "Ceci peut expliquer plausiblement le fait que ce droit soit formulé à l'aide d'une expression qui ne tranche pas la controverse, de manière à ce que ni l'une ni l'autre des positions doctrinales ne soit ni confirmée ni réprouvée; et de façon à ce que la recherche sur ce point important loin d'être empêchée soit au contraire encouragée"[31]. Le P.J.Hamer, lorsqu'il présente l'histoire de la Déclaration sur la liberté religieuse, rencontre ce point délicat de l'interprétation de *Pacem in terris*. Après avoir cité l'avis de P.Pavan, il poursuit : "Cette explication me paraît la plus convaincante. Le pape n'a pas voulu trancher un point de théologie. Après comme avant *Pacem in terris*, les deux thèses ont droit de cité dans l'Église"[32]. On peut donc s'en tenir à cet avis. Quant au problème lui-même de ce qui fonde cette rectitude de la conscience, il en sera brièvement question plus loin, à propos de la Déclaration conciliaire sur la liberté civile en matière de religion.

*Deuxième partie* : "Rapports entre les hommes et les pouvoirs publics".

Tout d'abord est rappelée l'interprétation classique du texte biblique : toute autorité vient de Dieu. "L'origine divine de l'autorité n'enlève aucunement aux hommes le pouvoir d'élire leurs gouvernants, de définir la forme de l'État ou d'imposer des règles ou des bornes à l'exercice de l'autorité. Ainsi la doctrine que nous venons d'exposer convient à toute espèce de régime vraiment démocratique".

Puis, après avoir décrit les aspects fondamentaux du "bien commun", l'encyclique, sous le titre "signe des temps", précise ce qui est requis des structures et du fonctionnement des pouvoirs publics. Bref, une image de ce que doit être l'État de droit. "Dans l'organisation juridique des communautés politiques à l'époque moderne, on note tout d'abord une tendance à rédiger en des formules claires et concises une charte des droits fondamentaux de l'homme : charte qui est souvent insérée dans les Constitutions ou en constitue une partie intégrante. En second lieu, on tend à fixer en termes juridiques, dans ces Constitutions, le mode de désignation des mandataires publics; leurs rapports réciproques, le rayon de leurs compétences, et enfin les moyens et modes qu'ils sont tenus d'observer dans leur gestion. On établit enfin, en termes de droits et de devoirs, quels sont les rapports entre citoyens et pouvoirs publics; et on assigne à l'autorité le rôle primordial de reconnaître et de respecter les droits et les devoirs des citoyens, d'en assurer la conciliation réciproque, la défense et le développement" (c.527).

*Troisième partie* : "Rapports entre les communautés politiques".
        De cette partie, on peut dégager un passage très actuel sur le sort des minorités. "Depuis le XIXème siècle, s'est accentuée et répandue un peu partout la tendance des communautés politiques à coïncider avec les communautés nationales. Pour divers motifs, il n'est pas toujours possible de faire coïncider les frontières géographiques et ethniques : d'où le phénomène des minorités et les problèmes si difficiles qu'elles soulèvent. A ce propos nous devons déclarer de la façon la plus explicite que toute politique tendant à contrarier la vitalité et l'expansion des minorités constitue une faute grave contre la justice, plus grave encore quand ces manœuvres visent à les faire disparaître... On observera pourtant que ces minorités, soit par réaction contre la situation pénible qui leur est imposée, soit en raison des vicissitudes de leur passé, sont assez souvent portées à exagérer l'importance de leurs particularités, au point même de les faire passer avant les valeurs humaines universelles, comme si le bien de toute la famille humaine devait être subordonné aux intérêts de leur propre nation. Il serait normal, au contraire, que les intéressés prennent également conscience des avantages de leur condition : le contact quotidien avec des hommes doués d'une culture ou d'une civilisation différente les enrichit spirituellement et intellectuellement et leur offre la possibilité d'assimiler progressivement les valeurs propres au milieu dans lequel ils se trouvent implantés" (c.529-530).

*Quatrième partie* : "Rapports des individus et des communautés politiques avec la communauté mondiale". — L'encyclique signale entre autres la nécessité d'une autorité publique mondiale. "De nos jours, le bien commun universel pose des problèmes de dimensions mondiales. Ils ne peuvent être résolus que par une autorité publique, dont le pouvoir, la constitution et les moyens d'action prennent eux aussi des dimensions mondiales et qui puisse exercer son action sur toute l'étendue de la terre. C'est donc l'ordre moral lui-même qui exige la constitution d'une autorité publique de compétence universelle" (c.537).

Dans cette mouvance, l'encyclique signale encore deux "signes des temps" : l'Organisation des Nations Unies (O.N.U.) et la Déclaration universelle des droits de l'homme, de 1948 (c.538).

\*\*\*

*Cinquième partie* : "Directives pastorales". Certaines de ces directives ont fait l'objet de réticences explicites de la part de tel ou tel expert ayant participé à l'élaboration de l'encyclique. C'est que, à côté des appels à l'union, on y trouve également la justification de quelques comportements caractéristiques personnels de Jean XXIII dans ses relations avec le monde, et notamment avec les non-catholiques.

Ainsi, sur la collaboration avec les non-catholiques dans le domaine économique, social et politique. Aux catholiques qui "collaborent de multiples manières, soit avec des chrétiens séparés de ce Siège apostolique, soit avec des hommes qui vivent en dehors de toute foi chrétienne, mais qui, guidés par les lumières de la raison, sont fidèles à la morale naturelle", le pape, reprenant ce qu'il a dit dans *Mater et Magistra* (DC 1961,985), leur conseille de "rester conséquents avec eux-mêmes et à n'admettre aucun compromis nuisible à l'intégrité de la religion ou de la morale. Mais aussi qu'ils ne considèrent pas leurs seuls intérêts et collaborent loyalement en toute matière bonne en soi ou qui peut mener au bien" (c.541).

Un conseil pour le "dialogue" : distinguer entre l'erreur et ceux qui la commettent. En effet, "l'homme égaré dans l'erreur reste toujours un être humain et conserve sa dignité de personne à laquelle il faut toujours avoir égard. Jamais non plus l'être humain ne perd le pouvoir de se libérer de l'erreur et de s'ouvrir un chemin vers la vérité. Et pour l'y aider, le secours providentiel de Dieu ne lui manque jamais. Il est donc possible que tel homme, aujourd'hui privé des clartés de la foi ou fourvoyé dans l'erreur, se trouve demain, grâce à la lumière divine, capable d'adhérer à la vérité. Si en vue de réalisations temporelles, les croyants entrent en relation avec des hommes que des conceptions erronées empêchent de croire ou d'avoir une foi complète, ces contacts peuvent être l'occasion ou le stimulant d'un mouvement qui mène ces hommes à la vérité" (c.541).

Autre mise au point, qui restera une des "pointes" pastorales de l'encyclique et de Jean XXIII lui-même, tout en éclairant certains aspects de l'*Ostpolitik* du Saint-Siège : distinguer les fausses théories philosophiques et les mouvements historiques qu'elles animent. Car "on ne peut identifier de fausses théories philosophiques sur la nature, l'origine et la finalité du monde et de l'homme, avec des mouvements fondés dans un but économique, social, culturel ou politique, même si ces derniers ont dû leur origine et puisent encore leur inspiration dans ces théories. Une doctrine, une fois fixée et formulée, ne change plus, tandis que des mouvements ayant pour objet les conditions concrètes et changeantes de la vie ne peuvent pas ne pas être largement influencés par cette évolution. Du reste, dans la mesure où ces mouvements sont d'accord avec les sains principes de la raison et répondent aux justes aspirations de la personne humaine, qui refuserait d'y reconnaître des éléments positifs et dignes d'approbation ?" (c.541-542).

D'où la conséquence, dont les comportements de Jean XXIII offrent diverses illustrations : "Il peut arriver par conséquent, que certaines rencontres au plan des réalisations pratiques qui jusqu'ici avaient paru inopportunes ou stériles, puissent maintenant présenter des avantages réels ou en promettre pour l'avenir. Quant à juger si ce moment est arrivé ou non, et à déterminer les modalités et l'ampleur d'une coordination des efforts en matière économique, sociale, culturelle ou politique à des fins utiles au vrai bien de la communauté, ce sont là des problèmes dont la solution et l'ampleur relèvent de la prudence régulatrice de toutes les vertus qui ordonnent la vie individuelle et sociale" (c.542).

### Et la démocratie ?

Elle est entière dans ce qui précède. Mais on peut y ajouter que, le 3 juillet 1963, le cardinal Amleto Cicognani envoya à M.Alain Barrère, qui présidait la 50ème Semaine Sociale de France (Caen, 9-14 juillet), une *Lettre apostolique* sur "la société démocratique". Comme Jean XXIII est décédé le 3 juin, on peut sans crainte d'erreur supposer que le contenu de cette lettre était en harmonie avec sa pensée (DC 1963,1019-1024).

La "démocratie que l'Église approuve", précise la *Lettre*, "est moins liée à un régime politique déterminé qu'aux structures dont dépendent les relations entre le peuple et le pouvoir dans la recherche de la prospérité commune. Celle-ci suppose une société de personnes libres égales en dignité et jouissant de droits fondamentaux égaux, ayant conscience de leur personnalité, de leurs devoirs et de leurs droits dans le respect de la liberté d'autrui" (c.1020).

Une "démocratie véritable exige, au surplus, une information convenable, ... une presse libre". De plus, dans la vie économique et sociale, "une note caractéristique du monde moderne, à cet égard, c'est le mouvement de socialisation, qui se manifeste par la multiplication et l'enchevêtrement d'associations et de groupes d'intérêts. Ici encore, le dialogue est indispensable : d'une part, une volonté d'informer, puis d'accorder audience dans l'examen des décisions à prendre; d'autre part, une volonté de savoir, pour intervenir utilement... La même nécessité de dialogue s'impose enfin dans les rapports entre les corps intermédiaires et l'État" (c.1022).

Ainsi entendue, "la démocratie peut se reconnaître en tout régime qui n'est pas totalitaire. Elle comporte un équilibre, qui peut être variable, entre la représentation nationale et l'initiative des gouvernants; des corps intermédiaires librement constitués, reconnus et protégés par la loi, normalement consultés sur les matières de leur compétence; un corps électoral informé loyalement apte à juger la politique de ses mandataires et les programmes de ses candidats; des droits et des devoirs nettement définis, dont l'exercice est efficacement protégé; des juges dont l'indépendance est assez garantie pour qu'ils remplissent impartialement leur office, à la lumière et sous la responsabilité de leur conscience; des lois fondamentales enfin, respectées par tous, qui assurent la continuité de la vie nationale" (c.1022-1023).

La leçon d'ouverture et les contributions nombreuses de cette Semaine Sociale de France déploient les perspectives d'une démocratie ainsi entendue (voir DC 1963, 1023-1045).

## Le "père du Concile"

L'époque de Jean XXIII, c'est aussi l'époque du Concile. En courant le risque de le convoquer, le Pape a donné à l'épiscopat universel l'occasion de faire connaissance de manière plus ample et plus précise, et peut-être aussi d'engager un *aggiornamento* que, seul, il n'aurait pas été en mesure de mettre en branle. En tout cas, rappelait Jean-Paul II il y a quelques années, "le Pape Jean

XXIII est le père de ce Concile des temps modernes, dont nous sommes tous les fils" (OR 13-14 janv.,1986;DC 1986,191).

# LE CONCILE VATICAN II
## (octobre 1962 - décembre 1965)

Le 25 janvier 1959, Jean XXIII annonça qu'il avait décidé de convoquer un Concile œcuménique[33]. Étonnément, joie, appréhensions... Dans sa biographie de Jean XXIII, Peter Hebblethwaite résume comme suit la situation à l'époque. "Peu de choses semblent s'être passées, il est vrai, entre le 25 janvier 1959 et le dimanche de Pentecôte, où le pape Jean annonce que Domenico Tardini sera le président de la Commission anté-préparatoire. Dans les coulisses, toutefois, se déroula une lutte épique relative à la nature du concile. Sera-ce un concile de renouveau et de réforme, ou un concile défensif, soucieux avant tout de parer aux erreurs contemporaines, dans la ligne du projet avorté de 1948-9 ? La curie veut bien satisfaire les lubies du vieil homme en acceptant un concile, pourvu qu'elle ait la haute main sur les préparatifs. La sagesse séculaire de la curie veut que qui contrôle l'ordre du jour contrôle la rencontre" (p.358). Lorsque l'on prend connaissance des travaux préparatoires, on doit reconnaître que, pour l'ensemble, la Curie avait les choses en mains et que l'intention était de condamner les erreurs du temps. Mais lorsqu'on parcourt attentivement les documents élaborés pendant les quatre périodes conciliaires, on doit reconnaître que l'épiscopat mondial a préféré l'orientation désirée par Jean XXIII.

Dans ce qui suit, seront apportées les données qui éclairent sur les conceptions conciliaires dans le domaine qui nous intéresse ici.

## La relation Église-État

Concernant la conception de l'État moderne, précisément, l'époque de Jean XXIII a vécu un premier moment décisif.

Après la décision prise par le Pape de réunir un Concile œcuménique, une consultation universelle fut décidée en vue de recueillir les avis et les propositions des épiscopats, et aussi des universités catholiques. Les réponses furent rassemblées et classées : il en résulta 15 volumes. L'une des propositions fréquemment présentée signalait la nécessité de compléter l'ecclésiologie ébauchée au Concile du Vatican de 1870.

L'élaboration d'un projet de schéma revenait normalement à la *Commission théologique préparatoire*, constituée le 5 juin 1960[34]. Celle-ci était présidée par le cardinal A.Ottaviani; le P.S.Tromp en était secrétaire. Une première esquisse fut composée assez rapidement. Elle comportait une suite de 13 points à examiner, et notamment, en ce qui nous concerne ici : 12. *Ecclesia et Respublica*; 13. *Tolerantia christiana*. Une Sous-commission "De Ecclesia" se réunit le 26 novembre 1960 et organisa le travail. Lorsque le cardinal Ottaviani présenta le projet à la *Commission centrale préparatoire*, les membres de celle-ci se trouvèrent très divisés. Le projet fut alors raccourci, légèrement amendé, mais sans que la position doctrinale de fonds fût touchée. Et ce schéma fut remis aux Pères conciliaires durant la première période du Concile, le 23 novembre 1962.

Un chapitre IX de ce projet était intitulé *De relationibus inter Ecclesiam et Statum*. Il comportait les éléments suivants : n.40. Le principe, la distinction entre l'Église et la société civile, et la subordination de la fin de l'État à la fin de l'Église; n.41. Du pouvoir de l'Église et de ses limites, et des devoirs de l'Église à l'égard du pouvoir civil; n.42. Les devoirs religieux du pouvoir civil; n.43. Principe général d'application; n.44. Conclusion.

Voici la traduction du n.42, sur les "devoirs religieux du pouvoir civil". Le bien lui-même de la Cité exige que le pouvoir civil ne se comporte pas de manière indifférente à l'égard de la religion. Comme elle a été instituée par Dieu, pour qu'elle aide les hommes à acquérir une perfection vraiment humaine, elle ne doit donc pas seulement offrir aux citoyens la possibilité de se procurer des biens temporels, soit matériels soit plus humains, mais elle doit aussi les aider pour qu'ils puissent plus facilement se procurer des biens spirituels en vue de mener une vie humaine religieusement. Parmi ces biens rien ne peut être plus estimé que de connaître et de reconnaître Dieu, et de remplir les devoirs dus à Dieu : ils sont en effet le fondement de toute vertu privée, et aussi publique. Ces devoirs dus à Dieu doivent être remplis à l'égard de la divine Majesté non seulement par chacun des citoyens, mais aussi par le Pouvoir civil, qui dans ces actes publics représente la personne de la Société civile. Dieu est en effet l'Auteur de la Société civile et la Source de tous les biens qui parviennent par elle à tous ses membres. Bien que cependant, dans l'ordonnance instituée par le Christ, le culte liturgique ne concerne que la vraie Église de Dieu, toutefois la communauté civile doit rendre un culte à Dieu d'une manière sociale. Ce que, compte tenu de sa nature, elle réalisera de manière primordiale, si dans l'accomplissement du bien commun, elle observe fidèlement les lois de Dieu, créées par la divine Majesté pour notre économie du salut. Ce qui requiert avant tout que, ayant concédé à l'Église une pleine liberté, soit exclu de la législation, du gouvernement et de l'activité publique tout ce que l'Église estimera susceptible d'empêcher l'acquisition de la fin éternelle; et que même soit favorisé tout ce qui peut faciliter une existence ancrée dans les principes chrétiens qui conduisent à la vie éternelle.

Et la Conclusion, n.44, déclare que le Concile "ne peut permettre que ces principes soient atténués, par un faux laïcisme, même sous prétexte de bien commun"[35].

Le 1er décembre 1962, l'assemblée conciliaire entreprit l'examen du schéma *De Ecclesia* [36]. Avant sa présentation par Mgr F.Franić, évêque de Split, le cardinal Ottaviani, président de la Commission théologique, fit une brève déclaration. Ce schéma, dit-il, a été élaboré avec soin, dans un esprit pastoral, par un groupe de quelque 70 experts; et il a été ensuite revu et amendé par la Commission centrale. Les Pères conciliaires présentèrent alors leurs observations sur l'ensemble du schéma; quelques-uns demandèrent des précisions sur la "liberté de conscience". Le débat eut lieu. Mais l'on approchait déjà de la fin de la première période conciliaire, et les Pères constataient que le travail n'avait guère avancé. Ils apprirent avec joie que l'ensemble des schémas préparatoires allait être soumis à une réorganisation, à une réduction (de 73 à 20). C'est ainsi que le chapitre IX du schéma *De Ecclesia* disparut. Le thème qui y était traité fut confié à ceux qui préparaient un Document sur la "liberté religieuse". La position du cardinal A.Ottaviani, même édulcorée dans le chapitre IX du projet *De Ecclesia*, ne fut pas reçue par la majorité des évêques présents au Concile. Ceux-ci s'engagèrent dans l'élaboration de la Déclaration sur la "liberté sociale et civile en matière religieuse", dont il sera question plus loin.

## La constitution pastorale "Gaudium et spes"

Pour aborder la constitution pastorale *Gaudium et spes* sur *L'Église dans le monde d'aujourd'hui*, il faut remonter à la Congrégation du 8 décembre 1962. Les Pères ont constaté et reconnu qu'un travail considérable demeurait en chantier. Peu après, le 17 décembre, le Pape Jean XXIII créa une Commission de Coordination chargée de réviser l'ensemble des schémas d'après les orientations qu'il donna lui-même le 6 décembre (OR 7 déc.,1962;DC 1963,21-23). A ce même moment, lors d'une intervention au Concile, le cardinal Suenens, le 4 décembre (DC 1963,47-48), et le cardinal Montini, le 5 décembre (DC 1963,51 et 52) avaient aussi suggéré un regroupement des schémas et proposé, sur la base de la distinction *Ecclesia ad intra* et *Ecclesia ad extra*, de réunir plusieurs d'entre eux en un document unique ayant pour objet : 1) la personne humaine dans la société; 2) le mariage, la famille et le problème démographique; 3) la culture; 4) l'ordre économique et la justice sociale; 5) la communauté des nations et la paix. On perçoit déjà, à ce moment, les premiers traits de la future constitution pastorale *Gaudium et spes* sur *l'Église dans le monde d'aujourd'hui*.

La Constitution pastorale *Gaudium et spes* concerne l'ensemble des relations de la communion ecclésiale avec ce monde[37]. En fait, un même document peut être reçu de façons différentes, d'après les questions que se posent les lecteurs. Pour le très grand public de l'époque, renseigné uniquement par les médias, l'intérêt de *Gaudium et spes* était dominé par deux problèmes : la pilule et la bombe atomique. Les Pères conciliaires, quant à eux, étaient engagés à fond dans l'élaboration d'un schéma XIII prenant de plus en plus d'envergure, soumis à des réélaborations importantes, et tendant à préciser nombre de principes doctrinaux et d'orientations pastorales.

Dans une Première partie, *Gaudium et spes* décrit *L'Église et la vocation humaine* : 1. La dignité de la personne humaine; 2. La communauté humaine; 3. L'activité humaine dans l'univers; 4. Le rôle de l'Église dans le monde de ce temps. Une deuxième Partie aborde *Quelques problèmes plus urgents* : 1. La dignité du mariage et de la famille; 2. L'essor de la culture; 3. La vie économico-sociale; 4. La vie de la communauté politique; 5. La sauvegarde de la paix et la construction de la communauté des nations.

Pour ne pas allonger inutilement ces pages, nous nous restreignons ici à quelques extraits de ce que *Gaudium et spes* propose concernant "la vie de la communauté politique", aux nn.73 à 76 de cette constitution.

Sur la vie publique aujourd'hui : "La conscience de la dignité humaine est devenue plus vive. D'où, en diverses régions du monde, l'effort pour instaurer un ordre juridico-politique dans lequel les droits de la personne au sein de la vie publique soient mieux protégés : par exemple, les droits de libre réunion et d'association, le droit d'exprimer ses opinions personnelles et de professer sa religion en privé et en public" (73§2).

Sur la nature et la fin de la communauté politique : "Individus, familles, gouvernements divers, tous ceux qui constituent la communauté civile, ont conscience de leur impuissance à réaliser seuls une vie pleinement humaine et perçoivent la nécessité d'une communauté plus vaste à l'intérieur de laquelle tous conjuguent quotidiennement leurs forces en vue d'une réalisation toujours plus parfaite du bien commun... [à savoir] l'ensemble des conditions de vie sociale qui permettent aux hommes, aux familles et aux groupements de s'accomplir plus complètement et plus facilement" (74§1).

Sur l'autorité. "De toute évidence, la communauté politique et l'autorité publique trouvent donc leur fondement dans la nature et relèvent par là d'un ordre fixé par Dieu, encore que la détermination des régimes politiques, comme la désignation des dirigeants, soient laissées à la libre volonté des citoyens (74§3). "Quant aux modalités concrètes par lesquelles une communauté politique se donne sa structure et organise le bon équilibre des pouvoirs publics, elles peuvent être diverses, selon le génie propre de chaque peuple et la marche de l'histoire. Mais elles doivent toujours servir à la formation d'un homme cultivé, pacifique, bienveillant à l'égard de tous, pour l'avantage de toute la famille humaine" (74§6).

En ce qui concerne les chrétiens et la vie publique. "Surtout là où existe une société de type pluraliste (*societas pluralistica*), il est d'une haute importance que l'on ait une vue juste des rapports entre la communauté politique et l'Église; et que l'on distingue nettement entre les actions que les fidèles, isolément ou en groupe, posent en leur nom propre comme citoyens, guidés par leur conscience chrétienne, et les actions qu'ils mènent au nom de l'Église, en union avec leurs pasteurs" (76§1). "Lorsque les apôtres, leurs successeurs et les coopérateurs de ceux-ci, sont envoyés pour annoncer aux hommes le Christ Sauveur du monde, leur apostolat prend appui sur la puissance de Dieu, qui, très souvent, manifeste la force de l'Évangile dans la faiblesse des témoins. Il faut en effet que tous ceux qui se vouent au ministère de la parole divine utilisent les voies et les moyens propres à l'Évangile qui, sur bien des points, sont autres que ceux de la cité terrestre" (76§4).

Quant à l'Église, "elle ne place pas son espoir dans les privilèges offerts par le pouvoir civil. Bien plus, elle renoncera à l'exercice de certains droits légitimement acquis, s'il est reconnu que leur usage peut faire douter de la pureté de son témoignage ou si des circonstances nouvelles exigent d'autres dispositions. Mais il est juste qu'elle puisse partout et toujours prêcher la foi avec une authentique liberté, enseigner sa doctrine sur la société (*doctrinam de societate docere*), accomplir sans entraves sa mission parmi les hommes, porter un jugement moral, même en des matières qui touchent le domaine politique, quand les droits fondamentaux de la personne ou le salut des âmes l'exigent, en utilisant tous les moyens et ceux-là seulement qui sont conformes à l'Évangile et en harmonie avec le bien de tous, selon la diversité des temps et des situations" (76§5).

### La Déclaration conciliaire "Dignitatis humanae"

Cette Déclaration conciliaire de Vatican II est sans doute le document qui a suscité le plus de débats, sans compter les nombreux malentendus[38]. Notamment lorsque l'on confond l'objet précis de la Déclaration, à savoir "la liberté sociale et civile en matière de religion", avec "l'indifférentisme en matière de religion" ou l'"équivalence de toutes les religions", ce qui est tout autre chose. Il faut avouer que l'intitulé habituel "la liberté religieuse" était voué à de semblables déconvenues.

L'origine de cette Déclaration — et cela en éclaire la portée — se trouve dans le désir d'aborder quelques problèmes de la vie de l'Église aujourd'hui : l'idée de tolérance, le dialogue oecuménique, la collaboration entre catholiques et non-catholiques, les relations entre l'Église et l'État, la présence de l'Église dans les organismes internationaux.

La recherche en ce sens fut entreprise par le Secrétariat pour l'Unité des chrétiens[39]. Elle fut amorcée le 27 décembre 1960, à l'évêché de Fribourg (Suisse) sous l'égide de Mgr Fr.Charrière et de

Mgr É.De Smedt, sous le titre "La tolérance". Une sous-commission du Secrétariat pour l'Unité des chrétiens en examina les requêtes. Les idées courantes à ce moment en milieu catholique étaient dominées par la position défendue avec fermeté par le cardinal A.Ottaviani et les canonistes de son école sur les devoirs de l'État "catholique" en matière de religion et de culte, sur les droits de l'Église catholique dans les pays à majorité non-catholique, sur le genre de tolérance à accorder à ceux qui ne sont pas catholiques.

Le Secrétariat pour l'Unité des chrétiens voulut proposer son texte à la Commission centrale préparatoire; mais son statut, a-t-on fait remarquer, ne permettait pas, à ce moment, de le prendre en considération comme les textes venant des commissions préparatoires. Cette lacune — très juridique d'ailleurs — fut comblée finalement le 22 octobre 1962, lorsque le pape Jean XXIII éleva le Secrétariat au rang des commissions conciliaires[40].

Le texte préparé par le Secrétariat connut une élaboration très laborieuse. Témoin en est l'incident qui eut encore lieu lorsque la discussion définitive conciliaire était à peine achevée (23-25 septembre 1964)[41]. Le 9 octobre, en effet, le cardinal Bea communiqua au Secrétariat pour l'Unité une lettre du secrétaire général du Concile, Mgr Felici, lettre d'après laquelle celui-ci, à la requête du pape, avait décidé de faire examiner la Déclaration par une commission mixte, et ajoutant que quatre membres de cette future commission étaient déjà nommés. Au Secrétariat, ce fut l'étonnement et aussi le mécontentement. Dès le lendemain, samedi 10 octobre, des cardinaux rédigèrent une lettre destinée au pape et dans laquelle ils faisaient part de leurs appréhensions : signée de 17 cardinaux, la lettre fut remise au pape Paul VI le lundi 12 octobre. Mais déjà la question avait été réglée : un comité consultatif de dix personnes, cinq membres du Secrétariat et cinq de la Commission théologique, allaient siéger et revoir le texte sous la direction du cardinal Bea. Un mois plus tard, le texte revu, renouvelé même à certains égards, fut remis aux Pères conciliaires. La Déclaration, dans sa sixième rédaction, fut finalement acceptée au cours de la quatrième période conciliaire, le 19 novembre 1965, et promulguée par le pape Paul VI le 7 décembre.

De nombreux passages de cette Déclaration concernent directement le statut de l'Église dans l'État moderne. Nous en retenons un certain nombre dans ce dossier.

Et tout d'abord, quel est, de manière précise, l'objet de cette "liberté" ? "Cette liberté consiste en ce que tous les hommes doivent être soustraits à toute contrainte, de la part tant des individus que des groupes sociaux et de quelque pouvoir humain que ce soit, de telle sorte qu'en matière religieuse nul ne soit forcé d'agir contre sa conscience ni empêché d'agir, dans de justes limites, selon sa conscience, en privé comme en public, seul ou associé à d'autres" (n.2).

On se demandera peut-être pourquoi le Concile Vatican II s'est borné à défendre un droit négatif de la liberté religieuse, à savoir : "être soustrait à toute contrainte... ni forcé d'agir... ni empêché d'agir..." (n.2). C'est l'observation que faisait, le 15 septembre 1965, le cardinal B. Alfrink en une dernière intervention. "La description de la liberté religieuse donnée au début de la déclaration paraît cependant trop négative. La liberté n'est pas seulement l'absence de contrainte, elle est d'abord la faculté d'adhérer à des valeurs qui contribuent à la perfection de la personne" (DC 1965,1766). Mais la position adoptée dans *Dignitatis humanae* avait donné lieu à de nombreux débats et ceux-ci avaient révélé l'existence de malentendus, voire de désaccords. Or, explique très heureusement le P.J. Hamer, en matière conciliaire, il ne suffit pas qu'une théologie soit élaborée valablement, il importe qu'elle soit acceptable *synodalement*, qu'elle soit devenue un *fait d'Église*. "Les années du Concile, avec ses extraordinaires possibilités de contact et de prise de conscience commune, ont permis à la liberté religieuse, conçue comme droit de la personne à être soustraite à la contrainte, donc, comme droit négatif, d'arriver à une réelle maturité synodale. Il n'en a pas été de même pour une théologie d'une liberté religieuse positive, développée par exemple dans le cadre de la réciprocité des consciences"[42].

Comment est formulé le "fondement universel" de ce droit fondamental ? On en trouve une ébauche au n.2 également : "En vertu de leur dignité, tous les êtres humains, parce qu'ils sont des personnes, c'est-à-dire doués de raison et de volonté libre, et, par suite, pourvus d'une responsabilité personnelle, sont pressés, par leur nature même, et tenus, par obligation morale, à chercher la vérité, celle tout d'abord qui concerne la religion. Ils sont tenus aussi à adhérer à la vérité dès qu'ils la connaissent et à régler toute leur vie selon les exigences de cette vérité. Or, à cette obligation, les hommes ne peuvent satisfaire, d'une manière conforme à leur propre nature, que s'ils jouissent, outre de la liberté psychologique, de l'immunité à l'égard de toute contrainte extérieure. Ce n'est donc pas sur une disposition subjective de la personne, mais sur sa nature même, qu'est fondé le droit à la liberté religieuse. C'est pourquoi le droit à cette immunité persiste en ceux-là mêmes qui ne satisfont pas à l'obligation de chercher la vérité et d'y adhérer; son exercice ne peut être entravé, dès lors que demeure sauf un ordre public juste". A sa manière et de façon plus détaillée, la Déclaration *Dignitatis humanae*, n.3, expose une suite d'éléments que l'on fait valoir en faveur de la liberté religieuse telle qu'elle est décrite par le Concile[43].

Ce droit est reconnu aux individus et aussi aux "groupes religieux" (n.4). Il importe de savoir comment est envisagée la place du groupe religieux que constitue la communion ecclésiale, l'Église, dans ces perspectives. Des groupes religieux sont en effet requis par la nature sociale de l'homme et aussi de la religion elle-même, qui est une "affaire personnelle". Ici, tout le n.4 est à reprendre, car nous sommes au cœur du statut envisagé pour l'Église.

"Dès lors, donc, que les justes exigences de l'ordre public ne sont pas violées, ces groupes sont en droit de jouir de cette immunité afin de pouvoir se régir selon leurs propres normes, honorer d'un culte public la divinité suprême, aider leurs membres dans la pratique de leur vie religieuse et les sustenter par un enseignement, promouvoir enfin les institutions au sein desquelles leurs membres coopèrent à orienter leur vie propre selon leurs principes religieux.

"Les groupes religieux ont également le droit de ne pas être empêchés, par les moyens législatifs ou par une action administrative du pouvoir civil, de choisir leurs propres ministres, de les former, de les nommer et de les transférer, de communiquer avec les autorités ou communautés religieuses résidant dans d'autres parties du monde, d'édifier des édifices religieux, ainsi que d'acquérir et de gérer les biens dont ils ont besoin.

"Les groupes religieux ont aussi le droit de ne pas être empêchés d'enseigner et de manifester leur foi publiquement, de vive voix et par écrit. Mais, dans la propagation de la foi et l'introduction des pratiques religieuses, on doit toujours s'abstenir de toute forme d'agissements ayant un relent de coercition, de persuasion malhonnête ou peu loyale, surtout s'il s'agit de gens sans culture ou sans ressources. Une telle manière d'agir doit être regardée comme un abus de son propre droit et une entorse au droit des autres.

"La liberté religieuse demande, en outre, que les groupes religieux ne soient pas empêchés de manifester librement l'efficacité singulière de leur doctrine pour organiser la société et vivifier toute l'activité humaine. La nature sociale de l'homme, enfin, ainsi que le caractère même de la religion, fonde le droit qu'ont les hommes, mus par leur sentiment religieux, de tenir librement des réunions ou de constituer des associations éducatives, culturelles, caritatives et sociales".

\*\*\*

Cet État moderne est-il entièrement "séparé" de toute influence directe ou indirecte dans le domaine des "valeurs" ? Certainement pas, mais encore faut-il s'entendre exactement sur cet enjeu.

Voici d'abord, une indication générale, reprise de la Déclaration conciliaire : "C'est pour tout pouvoir civil un devoir essentiel que de protéger et de promouvoir les droits inviolables de l'homme. Le pouvoir civil doit donc, par de justes lois et autres moyens appropriés, assumer efficacement la protection de la liberté religieuse de tous les citoyens et assurer des conditions favorables au développement de la vie religieuse, en sorte que les citoyens soient à même d'exercer effectivement leurs droits et de remplir leurs devoirs religieux, et que la société elle-même jouisse des biens de la justice et de la paix découlant de la fidélité des hommes envers Dieu et sa sainte volonté" (n.6).

Élargissant cette perspective à *toutes* les valeurs artistiques, culturelles, sociales ou scientifiques, le cardinal P.Pavan explique comment une laïcité "ouverte" ne signifie pas une exclusion des valeurs, mais implique seulement une incompétence à porter sur elles un "jugement de valeur". Cette donnée a été expliquée au début de cette étude, sous le titre :*l'État moderne : mission, compétence.*

La Déclaration ajoute que les situations de certains pays pourraient faire conclure à des "privilèges", alors qu'il n'y aurait qu'une condition avantageuse "de fait", sans jugement de valeur aucun.

Voici ce passage : "Si en raison de circonstances particulières dans lesquelles se trouvent les peuples, une reconnaissance civile spéciale est accordée dans l'ordre juridique de la cité à une communauté religieuse donnée, il est nécessaire qu'en même temps, pour tous les citoyens et toutes les communautés religieuses, le droit à la liberté en matière religieuse soit reconnu et respecté". Pourquoi ce paragraphe ?

Lors de la discussion du projet de Déclaration (DC 1964,1329-1330), Mgr J.C.Heenan, archevêque de Westminster, a fait remarquer que, en Grande-Bretagne, l'Église anglicane est considérée comme religion d'État et que, néanmoins, les autres groupes religieux jouissent des droits fondamentaux de tous les citoyens[44]. C'est pour cela qu'une réserve a été formulée. Mais il y a lieu de la bien comprendre. En effet, lorsqu'un État non confessionnel assure réellement l'exercice des libertés civiles, il favorise un ensemble d'activités privées, régies légitimement par des citoyens. Certaines d'entre elles portent sur un projet dit profane, et elles sont adoptées, promues et subsidiées à ce titre. Mais, de ce fait, lorsqu'un groupe important de citoyens est catholique, anglican, juif, musulman, agnostique, l'État favorise aussi, par simple ricochet, par contrecoup, indépendamment de toute prétention doctrinale et sans privilège, telle Religion, telle Église, telle option philosophique. Lorsqu'une Église chrétienne est *ainsi* favorisée, on n'est pas en présence d'un fait de chrétienté : dans d'autres pays à prédominance musulmane, juive, voire agnostique, un État "moderne" assurerait des prestations similaires et aux mêmes conditions.

La question des "limites" d'exercice a été également touchée. Et la Déclaration s'exprime comme suit. "Dans l'usage de toute liberté doit être observé le principe moral de la responsabilité personnelle et sociale...", à savoir : les droits d'autrui, les devoirs envers les autres, le bien commun de tous (n.7).
La Déclaration conciliaire n'a pas eu l'intention de s'exprimer sur toute la problématique engagée à propos de la délimitation de l'exercice de la liberté religieuse. A s'en tenir à ce qu'elle dit, on pourrait en conclure que l'on se trouve ici en présence de deux droits rivaux, face à un antagonisme entre droit individuel et droit collectif. En effet, "autrui" n'intervient que pour en appeler à une "limitation". Or, cette intervention d'autrui revêt d'autres perspectives, plus positives même, à savoir tout ce que représente, entre personnes responsables, le "dialogue"[45]. Ce dialogue, c'est la discussion raisonnable où chacun, par principe, veut se soumettre à la norme du vrai : tel est "autrui" dans une société de personnes douées de raison et de liberté, susceptibles d'aller de soi vers la réalité connue en vérité. L'importance du "dialogue" est majeure pour la vie d'une société "démocratique" : il en sera encore question plus loin.

# LE PONTIFICAT DE PAUL VI (1963-1978)

Le Pape Paul VI, élu le 21 juin 1963, assura la poursuite du Concile et l'après-concile de la vie ecclésiale. Un lourd héritage : la sympathie universelle de Jean XXIII, l'aggiornamento conciliaire et "l'ouverture" au monde, l'avancée décisive de l'Ostpolitik du Saint-Siège, la responsabilité très lourde de l'Église universelle que le nouveau pape a toujours ressentie intensément. Paul VI est universellement connu aussi comme le pape de *Humnae vitae* [46].

De nombreux travaux ont déjà décrit la vie, les travaux, la personnalité de Paul VI. L'*Istituto Paolo VI* nous le fait connaître par la série de ses *Pubblicazioni* et ses *Quaderni*. De son côté, l'École française de Rome a offert de très bons aperçus sous le titre *Paul VI et la modernité dans l'Église* [47]. Dans l'article que l'encyclopédie *Catholicisme* consacre à Paul VI, R.Aubert écrit : "Tout le monde s'accorde à reconnaître à G.B.Montini une intelligence exceptionnelle, toujours en éveil malgré le poids des ans, une vaste culture, entretenue jusqu'à la fin par de nombreuses lectures et servie par sa connaissance des langues étrangères, une remarquable faculté d'assimilation, un sens très sûr de la beauté, une finesse inégalée d'expression, soucieux qu'il était de la moindre nuance, une sensibilité délicate à l'égard de chacun, l'art de poser des gestes prophétiques, une profondeur de vie spirituelle, un dévouement total à l'Église. Un des principaux reproches qui lui fut adressé, même par ceux qui l'appréciaient le plus, c'est la lenteur qu'il mettait à prendre une décision, au risque de laisser 'pourrir' une question ou de manquer les occasions opportunes. Cette lenteur était la rançon de ses qualités : saisissant très vite les multiples aspects d'un problème, il désirait s'informer toujours davantage et entendre les différents sons de cloche, oubliant parfois que le mieux peut être l'ennemi du bien" (t.X,c.939).

## Orientations générales

Le nouveau pape, le lendemain de son élection, annonça sa décision de poursuivre les travaux du Concile, et il en promulgua les derniers documents le 7 décembre 1965. Or, accepter le Concile, c'était accepter la collégialité épiscopale et l'œcuménisme, mais aussi l'ouverture au monde et la liberté civile en matière religieuse : tout cela avait quelque saveur de modernité. Par ailleurs, au cours de son existence, Mgr J.-B.Montini fut lié à de nombreux dirigeants de la Démocratie chrétienne, de l'Action catholique, de la F.U.C.I., la fédération des universitaires catholiques d'Italie : un contexte qui présentait une harmonie réelle avec diverses composantes de la conception de l'État moderne. Ainsi, en fidélité à Jean XXIII et aux orientations du Concile, les déclarations de Paul VI sur les droits de l'homme, la finalité de l'État, la démocratie ou le pluralisme furent-elles avant tout des rappels accompagnés de quelques précisions, plutôt que des démonstrations ou des plaidoyers.

Une semaine après son élection, Paul VI fit part de l'attitude qu'il allait adopter à l'égard des chrétiens non catholiques, à l'égard du monde moderne. "A un examen superficiel, dit-il, l'homme d'aujourd'hui peut apparaître comme de plus en plus étranger à tout ce qui est d'ordre religieux et spirituel. Conscient des progrès de la science et de la technique, enivré par des succès spectaculaires dans des domaines jusqu'ici inexplorés, il semble avoir divinisé sa propre puissance et vouloir se passer de Dieu. Mais derrière ce décor grandiose, il est facile de découvrir les voix profondes de ce monde moderne, travaillé lui aussi par l'Esprit et par la grâce. Il aspire à la justice; à un progrès qui ne soit pas seulement technique, mais humain; à une paix qui ne soit pas seulement la suspension précaire des hostilités entre les nations ou entre les classes sociales, mais qui permette enfin l'épanouissement et la collaboration des hommes et des peuples dans une atmosphère de confiance réciproque. Au service de ces causes, il se montre capable de pratiquer à un degré étonnant les vertus de force et de courage, l'esprit d'entreprise, de dévouement, de sacrifice. Nous le disons sans hésiter : tout cela est Nôtre" (OR 2 juil.,1963;DC 1963,934).

Et un an plus tard, le 24 décembre 1964, après avoir évoqué les tares de la société actuelle, Paul VI redisait le spectacle merveilleux qu'offre "le panorama de la vie moderne... On invente des instruments nouveaux et prodigieux de toute sorte; le travail humain acquiert une puissance inouïe et on l'idéalise; les richesses et les biens de consommation se multiplient outre mesure (*a dismisura*); la culture se répand partout; la maladie et la faim sont combattues; les transports se développent d'une façon vertigineuse; l'espace est exploré; les commerces et les peuples se rapprochent; les nations s'affranchissent; on proclame la liberté et la justice; on aspire à la paix comme à un idéal suprême" (OR 25 déc.,1964;DC 1965,140). Ces courants profonds ne seront pas reniés à cause de lames mouvementées ou de tempêtes.

L'année suivante, le 4 octobre 1965, Paul VI prenait la parole à l'Organisation des Nations Unies. A un certain moment, après avoir rappelé ces paroles de John Kennedy : "L'humanité devra mettre fin à la guerre, ou c'est la guerre qui mettra fin à l'humanité", le Pape s'écria :" Jamais plus la guerre, jamais plus la guerre !... Merci à vous, gloire à vous pour les conflits que vous avez empêchés et pour ceux que vous avez réglés (OR 6 oct.,1965;DC 1965,1734).

Paul VI manifesta aussi rapidement, et de nombreuses fois — 93 précisent des publicistes — son intérêt pour la construction de l'Europe[48]. En avril 1964, il pouvait déjà déclarer à un groupe de représentants d'organismes européens : "Nous avons maintes fois déjà, depuis le début de Notre pontificat, manifesté l'intérêt que Nous portions aux problèmes européens" (OR 18 avr.,1964;DC 1964,570).

En 1977, Paul VI félicitait le Conseil de l'Europe d'avoir maintenu son activité "dans la fidélité à l'idéal inscrit par les fondateurs dans le préambule de son statut, à savoir l'attachement aux valeurs humaines, spirituelles et morales qui constituent le patrimoine commun des peuples de ce continent... Par delà un passé de guerres et de destructions, les valeurs communes issues de la vitalité des peuples anciens et divers, affinées par l'héritage gréco-romain, assainies, approfondies et universalisées par la foi chrétienne, ont reçu, au plan des principes juridiques, une expression renouvelée et efficace dans la Convention européenne des droits de l'homme, qui se présente comme une pierre milliaire sur le chemin vers l'union des peuples" (OR 30 janv.,1977;DC 1977,151).

## Adieu aux signes du pouvoir temporel

Manifestant une profonde spiritualité, Paul VI s'exprima par des gestes significatifs autant que par des développements doctrinaux[49]. Tel le geste par lequel le Pape fit mettre en vente la tiare qu'il porta lors de l'intronisation à son ministère[50]. De manière générale d'ailleurs, sa spiritualité le rendait très éloigné du pouvoir temporel des papes et de la chrétienté médiévale.

Son attitude à l'égard du pouvoir temporel des papes est décidée, et peut-être insuffisamment évoquée quand on parle de Paul VI. Déjà le dimanche 25 août 1963, à l'occasion de la Messe célébrée en la cathédrale d'Albano, il expliqua à la population que leurs acclamations s'adressaient aujourd'hui au chef spirituel de l'Église et non plus comme naguère au chef temporel des États pontificaux : "Il fut peut-être un temps — bien loin maintenant — où ce lien spirituel était moins évident et moins cultivé qu'aujourd'hui... Peut-être dans le passé y en eut-il même qui ont éprouvé des sentiments d'aversion et de méfiance envers ce que le Pape représentait au milieu d'une population. Il semble qu'aujourd'hui tout préjugé soit désormais surmonté et écarté, comme en témoigne la manifestation filiale accueillie par le Pape avec une joie et une gratitude immense... Il fut un temps où ces liens apparaissaient comme des chaînes pesantes et gênantes, ou bien ils étaient relâchés et on n'en avait presque plus conscience. Mais, ce matin, ils se montrent solides, splendides..." (OR,26-27 août,1963;DC 1963,1290).

Le 6 janvier 1964, en sa première allocution de Nouvel An adressée à la noblesse et au patriarcat romain, ses auditeurs entendirent Paul VI leur faire part de ses sentiments. "Devant vous, qui êtes héritiers et représentants des antiques familles et des classes dirigeantes de la Rome papale et de l'État pontifical, Nous avons maintenant les mains vides. Nous ne sommes plus à même de vous conférer des offices, des bénéfices, des privilèges, des avantages dérivant de l'organisation d'un État temporel. Nous ne sommes également plus à même d'accueillir vos services inhérents à une administration civile. Nous nous sentons humainement pauvre devant vous" (OR 15 janv.;DC 1964,203).

A plusieurs reprises, Paul VI dégagea les traditions et le cérémonial ecclésiastiques de divers éléments adventices ou datant de l'époque des États pontificaux et du pouvoir temporel des Papes[51]. Car, écrivait-il dans une Lettre adressée au cardinal J.Villot, Secrétaire d'État, "vous n'ignorez pas notre volonté de faire en sorte que tout ce qui entoure le Successeur de Pierre manifeste avec clarté le caractère religieux de sa mission, dont l'inspiration doit suivre toujours plus sincèrement la ligne de la simplicité évangélique. Ce fut une des orientations que nous avons recueillies du Concile Vatican II et que nous nous efforçons de réaliser pleinement. Ce fut, dès le début, l'objet des diverses dispositions qui se sont déjà concrétisées dans la réforme de la maison et de la famille pontificales" (OR 16 sept.,1970;DC 1970,860). Ces dispositions sont assez nombreuses, en effet. Et elles ont dû marquer fortement le cérémonial pontifical. Car, dans une journée consacrée aux différentes réformes institutionnelles réalisées par Paul VI dans l'Église, Mgr A.Silvestrini déclarait : "Avec Paul VI, les messes pontificales ont cessé d'être des cérémonies fastueuses pour redevenir de vraies liturgies ecclésiales, centrées sur la Parole et l'Eucharistie"[52].

### Adieu à l'État de chrétienté

Mais en élargissant les perspectives, Paul VI évoqua assez rapidement aussi le changement intervenu dans les relations entre la "Cité de Dieu" et la "Cité des hommes". S'adressant le 8 janvier 1966 au Corps diplomatique, le pape s'en expliquait. C'est une longue histoire que celle des rapports de la "Cité de Dieu" et la "Cité des hommes". "Suivant les époques, diverses furent les tentatives de dresser une théorie cohérente de l'harmonie nécessaire entre ces deux pouvoirs. Depuis les 'deux Cités' de saint Augustin en passant par la théorie médiévale des deux glaives et la 'Monarchie' de Dante, et jusqu'aux essais de synthèse de penseurs plus modernes, on a pu parler des 'métamorphoses de la Cité de Dieu'. Une chose est certaine : l'évolution s'est faite dans le sens d'une prise de conscience croissante par la 'cité temporelle' de son autonomie vis-à-vis de la 'cité spirituelle', et réciproquement du désengagement de cette dernière par rapport à la cité temporelle. Mais alors que leur diversité a pu les faire apparaître parfois non seulement distinctes, mais rivales et opposées, aujourd'hui, grâce à Dieu et de plus en plus — et nous voudrions souhaiter qu'il en soit ainsi dans le monde entier — elles ne se posent plus en adversaires". Et sur quelle base ? La *Déclaration sur la liberté religieuse* ainsi que le *Message aux gouvernants* : "ce sont bien en effet les documents essentiels dans lesquels le Concile a manifesté la pensée de l'Église en ce domaine des relations avec l'autorité temporelle" (OR 9 janv.,1966;DC 1966,283).

Et pourquoi Paul VI écarte-t-il l'éventualité d'un retour à une situation en continuité avec la *Respublica christiana* ancienne ? Dans l'Allocution qu'il fit aux participants du IIIème Symposium des Évêques d'Europe, Paul VI, tout en appelant les chrétiens à être pour l'Europe ce que l'âme est pour le corps, apporta la mise au point que l'on attendait. "Nous entendons bien que les conditions sont nouvelles par rapport à l'état de chrétienté qu'a connu l'histoire. Il y a une maturité civique au niveau des pays, au niveau du continent. De toute façon, nous ne sommes pas, nous, évêques, les artisans de l'unité au plan temporel, au plan politique. La foi dont nous sommes les serviteurs n'est pas un élément politique. Elle se reçoit librement de Dieu, par le Christ, dans l'Esprit-Saint. Et que fait-elle ? Elle donne un sens à la vie des hommes, révélant leur destinée éternelle de fils de Dieu : n'est-ce pas appréciable en cette ère de désarroi ?" (OR 19 oct.,1975;DC 1975,902). On aura remarqué que le changement des conceptions contemporaines est attribué à une "maturité civique", et non à une régression.

Des évêques s'expriment dans le même sens que les Papes. Telle, par exemple, l'orientation ferme du cardinal Ursi, archevêque de Naples, dans une conférence à Assise à l'ouverture des Cours d'études chrétiennes. "La tâche de l'Église, dit-il, est de christianiser le monde et non de l' 'ecclésialiser'; de faire passer dans l'intime de l'humanité l'Esprit qui purifie et divinise de façon à libérer les authentiques valeurs humaines... pour les potentialiser et les ouvrir au divin... Ainsi se trouve définitivement rejeté ce que l'on a appelé 'l'époque constantinienne'. L'Église répudie toute forme d'intégrisme, de cléricalisme, de triomphalisme, d'occidentalisme. Avec respect, elle entre en dialogue avec toutes les civilisations, toutes les cultures, toutes les religions, toutes les Églises, toutes les sciences, toutes les philosophies, ... en un mot, avec tous les hommes de bonne volonté, même les athées" (DC 1968,526).

Même déclaration forte et décidée de la part de Mgr G.Benelli à Ottobeuron (Bavière), le 19 septembre 1977, sur la "Contribution de l'Église et des chrétiens à l'édification d'une nouvelle Europe". "La contribution de l'Église ne consiste pas en un appel en faveur d'une formule politique déterminée d'unification ou de fédération des pays d'Europe; encore moins consiste-t-elle dans une tentative — qui serait absurde autant que

ridicule — de restauration d'un empire clérical". Avant de conclure
ainsi, l'archevêque de Florence avait indiqué ce qu'était le rôle des
chrétiens, en collaboration avec tous les autres concitoyens "de
bonne volonté" : c'est de promouvoir et maintenir la concorde, le
respect mutuel, l'entente, le dialogue, bref toutes les valeurs qui
animent et nourrissent la convivialité sociale. Pour le reste, ce sont
"les forces politiques, les institutions démocratiques [qui] ont le
devoir de donner une expression concrète aux aspirations d'unité
et de fraternité qui existent en Europe, et qui deviennent chaque
jour davantage une réalité politique consistante. Ce sont donc
toutes les forces vives de la société civile, et non l'Église en tant que
telle, qui doivent construire la nouvelle Europe". Et il ajoutait : "En
vérité, quelle que soit la forme dans laquelle l'Europe réalisera son
unité, il y faudra, de la part de chaque État européen, une
renonciation à une part de sa souveraineté et de ses prérogatives
institutionnelles. Or il est évident que seuls peuvent renoncer à
ces prérogatives les États qui les possèdent" (DC 1977,1038-
1042).


### Les "droits humains" et l'État

     Un thème régulièrement abordé aussi par la papauté et les
épiscopats est celui des "droits de l'homme", des "droits
humains"[53].
     Paul VI n'oublie aucun des anniversaires de la Déclaration de
1948. Cette Déclaration, dit-il en 1973, est "l'un des plus beaux
titres de gloire" de l'O.N.U. L'Église ne pourra jamais se
désintéresser des droits de l'homme qui y sont exprimés (OR 12
déc.,1973;DC 1974,13). Au cours d'une audience à l'occasion du
XXVème anniversaire de la *Convention européenne de sauvegarde
des droits de l'homme et des libertés fondamentales*, il en a décrit
et reconnu l'importance grandissante et demandait que la
"juridisation" de ces droits soit accélérée. Pour promouvoir la paix
et faire œuvre de reconstruction morale dans cette Europe de
l'après-guerre, "il importait de mettre au premier plan le respect
des droits de l'homme, de les affirmer et surtout de les garantir
pour tous les citoyens. C'est le mérite du Conseil de l'Europe d'y
avoir pourvu sans tarder, en élaborant cette Convention
européenne". Cette Convention a voulu hâter pour l'Europe une
application réaliste et efficace de la Déclaration universelle des
Droits de l'homme : "les principes ont été réaffirmés avec plus de

précision et de détails, et surtout un mécanisme approprié a été mis en place afin d'en garantir la sauvegarde, en ménageant, pour les États et les individus, la possibilité d'un appel contre leur violation éventuelle. C'était la première fois, nous semble-t-il, qu'une telle possibilité était ouverte aux personnes de recourir à un organisme international, qui donne des garanties d'ordre judiciaire, pour la défense de leurs droits essentiels" (OR 8 nov.,1975;DC 1975,1021-1022).

Par ailleurs, les Accords d'Helsinki, depuis l'Acte final de 1975, avec les réunions qui ont lieu régulièrement entre les membres de l'Est et de l'Ouest, sont chaque fois, pour les représentants du Saint-Siège, l'occasion de rappeler les articles de ces Accords concernant les libertés et, tout spécialement, la liberté religieuse[54]. Assez décevantes jusqu'en 1988, les réunions de la CSCE (Conférence sur la Sécurité et la Coopération en Europe) sont devenues, depuis les changements radicaux à l'Est, une institution toute désignée pour appuyer l'établissement d'un "nouvel ordre européen". A Paris, du 19 au 21 novembre 1990, une Rencontre au sommet en vue de définir "une Europe démocratique, pacifique et unie" a réuni 34 pays membres (depuis l'unification allemande)[55]. Dans la "Charte de Paris" qui en est résultée, on peut lire : "Nous nous engageons à édifier, consolider et raffermir la démocratie comme seul système de gouvernement de nos nations... La démocratie est fondée sur le respect de la personne humaine et de l'État de droit... Nous affirmons que l'identité ethnique, culturelle, linguistique et religieuse des minorités nationales sera protégée, et que les personnes appartenant à ces minorités ont le droit d'exprimer, de préserver et de développer cette identité sans aucune discrimination et en toute égalité devant la loi... Nous voulons que l'Europe soit une source de paix, ouverte au dialogue et à la coopération avec les autres pays, favorable aux échanges et engagée dans la recherche de réponses communes aux  défis du futur". Bref, l'idée de "sécurité" et celle de "coopération" ont marqué un progrès notable.

Ce que le Concile Vatican II et la papauté ont déclaré sur les droits humains fondamentaux fixant et limitant les droits de l'État, de nombreuses rencontres, conférences ou lettres des épiscopats des cinq continents vont le reprendre à l'intention des fidèles, ou des gouvernants.

Telle la *Lettre pontificale* adressée par le cardinal A.Cicognani au Président des Semaines sociales d'Italie sur "le bien commun et les personnes dans l'État contemporain", exposant la fin de l'État, l'autonomie des personnes et des groupes, l'ouverture sur le bien commun universel" (OR 24 mai,1964;DC 1964,717-721). De même l'étude du cardinal Hœffner, archevêque de Cologne, sur "l'Église dans la société moderne", où sont exposés en détail les multiples droits et devoirs de l'Église "dans la société pluraliste moderne", dans un "État moderne" (DC 1971,540-543). Ou encore, mais dans de larges perspectives historiques cette fois, la conférence faite à Fribourg (Suisse) par Mgr G.Benelli sur le thème : "Vers un nouveau style de rapports entre la société spirituelle et la société temporelle". Mgr Benelli y esquissa toute l'histoire de ces rapports : "de la subordination à la séparation", en suggérant une certaine "conjonction de la société spirituelle et de la société temporelle", "chacune jouant franchement son propre rôle, au service du bien-être de l'homme total" (DC 1966,1422-1426).

Voici une Déclaration collective de l'Épiscopat espagnol sur "l'Église et la communauté politique" (janvier 1973), relative aux changements qui affectent actuellement tant l'Église que la Société (DC 1973,175-182,219-226). Nous la citons parce qu'elle comporte un passage typique sur la façon dont était exposée et vécue en 1973 la "situation particulière" de l'Église dans l'État évoquée par la Déclaration *Dignitatis humanae* (n.6). D'abord, le document épiscopal note qu'une "pluralité effective d'opinions" est une "partie intégrante du bien commun" et que par ailleurs, compte tenu de sa mission prophétique, "le silence transforme l'Église en complice" (p.180-181). Suit une analyse de la confessionnalité de l'État en Espagne : elle "correspond à une formule distincte de la formule traditionnelle et témoigne d'une plus grande ouverture" (p.222).

Autre conception des choses : la Déclaration de la Conférence épiscopale du Brésil : "Exigences chrétiennes pour un ordre politique" (février 1977) : tous les thèmes de la question s'y retrouvent, appuyés sur des extraits du Concile Vatican II ou des encycliques récentes sur l'origine de la société politique, les devoirs de l'État, la nature du bien commun, la participation, la liberté, la sécurité, le développement intégral" (DC 1977,315-319).

## Une société démocratique

L'appui de Paul VI à une société "démocratique" est convaincu[56].

Nous avons déjà signalé plus haut, à l'époque de Jean XXIII, la *Lettre pontificale* adressée par le cardinal A.Cicognani au Président des Semaines Sociales de France sur "la démocratie" (DC 1963,1019-1024). Dans la *Lettre pontificale* que le Secrétaire d'État envoyait en 1966 au même Président, il disait : "Dans les perspectives ouvertes par le Concile œcuménique d'une Église soucieuse de répandre le message évangélique dans un monde pluraliste, marqué par le régime démocratique, et profondément transformé par un processus de socialisation croissante, le chrétien d'aujourd'hui voit s'ouvrir devant lui des possibilités d'une exceptionnelle ampleur" (DC 1966,1386). "Nous sommes persuadé", dit Paul VI à de jeunes démocrates européens, "que vous donnez au vocable 'démocratie' sa signification la plus authentique et la meilleure, qui est reconnaissance de la dignité de la personne humaine, de l'égalité de tous les hommes et de leur collaboration constante et fraternelle en vue du bien de tous, spécialement de ceux qui sont le moins favorisés" (OR 2 févr.,1964;DC 1964,293).

Paul VI s'avance parfois jusqu'à donner des précisions sur la forme de démocratie qui aurait sa préférence. Dans une Allocution à l'Union interparlementaire mondiale, il dit : "Sans nier les aspects positifs des instruments de démocratie directe comme des formules nouvelles de démocratie concertée, où le gouvernement s'efforce d'établir le dialogue avec les 'forces vives' de la nation, l'on voit difficilement les bénéfices de l'abandon de la voie de la démocratie représentative. Mais encore faut-il trouver des modalités d'exercice conformes aux exigences de la société moderne et procéder à la rénovation qui est requise" (OR 24 sept.,1972;DC 1972,909).

Comme d'habitude, les *Lettres Pontificales* adressées par le Secrétaire d'État au président des Semaines sociales de tel ou tel pays, reviennent sur le thème de la démocratie : ainsi dans la *Lettre pontificale* envoyée lors de la XXVIème Semaine sociale d'Espagne (OR 5 avr.,1967;DC 1967,814-815). Voir aussi le *Message de la Commission épiscopale canadienne d'Action sociale* sur les "nouveaux pouvoirs" (DC 1970,29). Et encore la *Lettre pastorale* de l'épiscopat portugais sur la contribution des chrétiens à la vie politique, où une large place est consacrée à exposer "le concept chrétien de démocratie" et les "exigences d'une saine démocratie" face au "concept libéral" ou au "concept marxiste" de cette forme de gouvernement (DC 1974,760-770).

***

La célèbre Lettre Apostolique *Octogesima adveviens*, publiée le 14 mai 1971 à l'occasion du 80ème anniversaire de *Rerum Novarum*, permet de prendre connaissance de la position adoptée par Paul VI sur les grands problèmes socio-économiques et politiques de son temps[57]. Successivement, on y rencontre un enseignement sur l'urbanisation, les jeunes, les femmes, les émigrés, les travailleurs, l'environnement, la société politique, les idéologies, les "mouvements historiques" dans la mouvance de Jean XXIII, le marxisme, le libéralisme, les utopies, les sciences humaines, le progrès, les responsabilités des chrétiens, notamment dans l'action politique (OR 15 mai,1971;DC 1971,502-513). En voici quelques extraits.

Sur la "démocratie". "La double aspiration vers l'égalité et la participation cherche à promouvoir un type de société démocratique. Divers modèles sont proposés, certains sont expérimentés; aucun ne donne complète satisfaction et la recherche reste ouverte entre les tendances idéologiques et pragmatiques. Le chrétien a le devoir de participer à cette recherche et à l'organisation comme à la vie de la société politique" (n.24). "Pour faire contrepoids à une technologie grandissante, il faut inventer des formes de démocratie moderne, non seulement en donnant à chaque homme la possibilité de s'informer et de s'exprimer, mais en l'engageant dans une responsabilité commune" (n.47).

Sur la compétence de l'État. "Il n'appartient, ni à l'État, ni à des partis politiques qui seraient clos sur eux-mêmes, de chercher à imposer une idéologie par des moyens qui aboutiraient à la dictature des esprits, la pire de toutes. C'est aux groupements culturels et religieux — dans la liberté d'adhésion qu'ils supposent — qu'il appartient, de manière désintéressée et par leurs voies propres, de développer dans le corps social ces convictions ultimes sur la nature, l'origine et la fin de l'homme et de la société" (n.25).

Plus loin, Paul VI revient sur les limites de la compétence du pouvoir politique. "Celui-ci, qui est le lien naturel et nécessaire pour assurer la cohésion du corps social, doit avoir pour but la réalisation du bien commun. Il agit dans le respect des libertés légitimes des individus, des familles et des groupes subsidiaires afin de créer, efficacement et au profit de tous, les conditions requises pour atteindre le bien authentique et complet de l'homme, y compris sa fin spirituelle. Il se déploie dans les limites de sa compétence qui peuvent être diverses selon les pays et les peuples." (n.46).

Une section, au début de la *Lettre*, a retenu l'attention des lecteurs : elle vise les cas où il est envisagé de déterminer, à partir de la même foi, des options et des objectifs uniques (OR 15 mai,1971;DC 1971,502-513).

"Diverses sont les situations dans lesquelles, de gré ou de force, les chrétiens se trouvent engagés, selon les régions, selon les systèmes socio-politiques, selon les cultures", écrit le Pape. "Face à des situations aussi variées, il nous est difficile de prononcer une parole unique, comme de proposer une solution qui ait valeur universelle. Telle n'est pas notre ambition, ni même notre mission. Il revient aux communautés chrétiennes d'analyser avec objectivité la situation propre de leur pays, de l'éclairer par la lumière des paroles inaltérables de l'Évangile, de puiser les principes de réflexion, des normes de jugement et des directives d'action dans l'enseignement social de l'Église... A ces communautés chrétiennes de discerner, avec l'aide de l'Esprit Saint, en communion avec les évêques responsables, en dialogue avec les autres frères chrétiens et tous les hommes de bonne volonté, les options et les engagements qu'il convient de prendre pour opérer les transformations sociales, politiques et économiques qui s'avèrent nécessaires" (n.4).

En terminant, le Pape redit ce message. "Dans les situations concrètes et compte tenu des solidarités vécues par chacun, il faut reconnaître une légitime variété d'options possibles. Une même foi chrétienne peut conduire à des engagements différents [en note : *Gaudium et spes,*43 ]... Aux chrétiens qui paraissent, à première vue, s'opposer à partir d'options différentes, [l'Église] demande un effort de compréhension réciproque des positions et des motivations de l'autre; un examen loyal de ses comportements et de leur rectitude suggérera à chacun une attitude de charité plus profonde qui, tout en reconnaissant les différences, n'en croit pas moins aux possibilités de convergence et d'unité" (n.50).

### Une société pluraliste et le dialogue

Que l'Église vive dans un contexte socio-culturel "pluraliste", le fait est noté couramment, sans précision, comme une donnée acquise et reçue[58]. On l'a déjà remarqué en lisant la constitution pastorale *Gaudium et spes* : "Surtout là où existe une société pluraliste, il est ..." (n.76). "Si, dans la société pluraliste d'aujourd'hui, en dépit de tous les progrès techniques...", dit à son tour Paul VI dans une *Allocution* au Président du Parlement européen (OR 26 nov.,1971;DC 1971,1109).

Comme d'habitude également, les *Lettres Pontificales* suivent le mouvement. Celle qui est adressée à la XXXVIème Semaine sociale d'Italie fait allusion à la société contemporaine, "nettement caractérisée par le pluralisme social croissant" (OR 24 mai, 1964;DC 1964,719). Et celle qui est adressée au Président de la 53ème Session des Semaines sociales de France souligne que "dans les perspectives ouvertes par le Concile œcuménique d'une Église soucieuse de répandre le message évangélique dans un monde pluraliste... le chrétien d'aujourd'hui voit s'ouvrir devant lui des possibilités d'une exceptionnelle ampleur" (DC 1966,1386).

Ces allusions à une société pluraliste sont plus soulignées par les interventions des représentants du Saint-Siège dans les organismes internationaux qui les accueillent.

Ainsi, dans son intervention à une session de l'Unesco, Mgr P.Bertoli reconnaît que, en ce qui concerne l'enjeu de l'éducation scolaire, "la diversité des idéologies qui sont représentées à l'Unesco ne permet pas... de parvenir à une pleine unité de vue"; mais "là où des divergences sont inévitables, un dialogue, un échange de vues seraient incontestablement féconds". Et même, "aucune instance ne semble plus appropriée que l'Unesco pour de telles confrontations" (DC 1964,1553).

L'Unesco, disait aussi Mgr G.Benelli, "œuvre de la manière la plus déterminante pour la construction de la paix en conviant les hommes de tout horizon culturel ou idéologique à se rencontrer pour poursuivre ensemble une recherche...; elle offre à des représentants de l'humanité, dans la diversité de leurs appartenance raciale, culturelle ou philosophique, de se connaître, de s'écouter, de chercher à se comprendre, de s'estimer; elle permet de dégager de chaque culture et mentalité ce qu'il y a de commun dans les aspirations des hommes et ce qui, finalement, peut les unir" (DC 1974,1066).

\*\*\*

De nombreux documents font ainsi référence aux multiples facettes du "dialogue" entre personnes "de bonne volonté". C'est le dialogue, en effet, qui constitue la pièce capitale, le cœur, la dynamique de l'existence dans un État démocratique en bonne condition de marche.

Le "dialogue" apparaît déjà comme donnée majeure dans l'encyclique *Ecclesiam Suam* que Paul VI écrivait au début de son Pontificat (OR 10-11 août1964;DC 1964,1057-1093) et qu'il a voulu présenter lui-même à l'audience générale du 5 août 1964 (OR 6 août 1964;DC 1964,1094-1095). Cette encyclique comporte trois parties : 1. La conscience que l'Église a d'elle-même; 2. Le renouvellement spirituel et canonique; 3. Le dialogue. Cette voie, disait le Pape à cette audience, "concerne la manière, l'art, le style que l'Église doit donner à son activité ministérielle dans le concert dissonant, volubile et complexe du monde contemporain".

Dans cette troisième partie, Paul VI analyse d'abord un des fondements de ce comportement : "la maturité de l'homme, religieux ou non, rendu apte par l'éducation et la culture à penser, à parler, à soutenir dignement un dialogue". Il décrit ensuite les quatre caractères du dialogue : "la clarté, la douceur, la confiance, la prudence". Il précise ce que doit être un dialogue avec les athées, avec les non-catholiques. Et il termine en esquissant l'image de ce que peut le dialogue dans les relations à l'intérieur de l'Église.

On peut s'attendre à ce que l'image du dialogue, dès lors qu'elle est proposée dans une encyclique, appelle des compléments de la part de toutes les sciences humaines[59]. Mais l'importance du dialogue a été réellement renforcée par la place que lui a réservée le premier document majeur d'un pontificat.

Les conditions de la pratique du dialogue ont été régulièrement étudiées par les Secrétariats romains pour les non-catholiques.

Le Secrétariat pour l'Unité des chrétiens vit en permanence des dialogues interecclésiaux, lesquels tout aussi régulièrement publient les états de la question auxquels ces rencontres ont abouti, avec les progrès de convergence réalisés et les questions demeurant ouvertes.

En juin 1967, le Secrétariat pour les non-chrétiens publia un ensemble de "Suggestions pour le dialogue" (DC 1967,1655-1692). Après avoir rappelé quelques "principes généraux de science des religions", cette étude décrit "les hommes du dialogue", "la formation au dialogue", "les domaines du dialogue", "l'organisation du dialogue".

En août 1968, le Secrétariat pour les non-croyants proposa une analyse du "dialogue avec les non-croyants" (DC 1968,1665-

1675) : nature et conditions du dialogue; directives pratiques, normes particulières.

Parmi les appels au dialogue en Europe, l'un des plus structurés — si l'on peut user de ce qualificatif — est la conférence du cardinal G. Benelli intitulée *Contribution de l'Église et des chrétiens à l'édification d'une nouvelle Europe* (Journée européenne, Ottobeuron, 19 septembre 1977) (DC 1977,1038-1042, cit.1041). A propos de la contribution de l'Église, il précise :

"L'Église catholique — Pape, évêques et laïcs en communion avec lui — ne s'arroge ni n'a aucunement l'intention de s'arroger une hégémonie dans l'action en faveur de l'édification d'une Europe unie. Il appartient à toutes les Églises chrétiennes, quelle que soit leur dénomination, d'apporter leur contribution à la réalisation du rêve d'unité, en vertu du message évangélique et des réalités de l'histoire de l'Europe... Les Églises en Europe ont à ce sujet une grande responsabilité : alimenter un profond respect réciproque, rechercher une pleine compréhension, poursuivre dans la clarté et la confiance le chemin vers la re-composition de l'unité; c'est un grave devoir, qui s'impose à tous les chrétiens, catholiques et non-catholiques.

"Au surplus, dans toute action en faveur d'une nouvelle Europe, les chrétiens se savent solidaires également des hommes et des femmes qui, sans partager leurs convictions religieuses, se sentent pourtant interpellés par les mêmes problèmes et croient dans la valeur irremplaçable de l'homme, dans sa responsabilité envers les autres, en justice et compréhension mutuelle, dans des finalités éthiques et dans la solidarité entre tous".

### Les termes "laïc" et "laïcité"

Un dernier mot, sur la présence du terme "laïc" ou "laïcité" chez Paul VI.

Ces termes évoquent encore pour les chrétiens le "laïcisme", les groupes "anticléricaux", le positivisme scientifique athée de la fin du XIXe siècle. Et pourtant, la conception de l'État sans compétence ni mission doctrinale ou religieuse aurait pu, depuis le Concile Vatican II, valoir au terme "laïc", "séculier", "profane" un accueil plus large.

Le cardinal C.Ursi, archevêque de Naples, s'adressant en 1968 à des étudiants catholiques, leur disait : "L'Église ne supprime pas l'humain, n'étouffe pas les valeurs terrestres, mais elle porte les hommes à devenir plus humains, à réaliser dans leur plénitude toutes les valeurs terrestres, à s'ouvrir au divin. Aussi les valeurs terrestres sont-elles laissées dans leur caractère séculier, les hommes dans leur liberté, le monde dans sa laïcité, l'histoire dans son caractère profane, mais tous sont éclairés par la lumière de l'Évangile et animés par la charité" (DC 1968,524-525). Ce genre de discours, très acceptable si on l'entend comme il sied, n'est pas fréquent.

Et pourtant, au cours de l'Audience générale du 22 mai 1968, le Pape Paul VI s'est exprimé brièvement, mais clairement : "L'Église d'aujourd'hui, celle de la Constitution *Gaudium et spes*, ne craint pas de reconnaître les 'valeurs' du monde profane. Elle n'a pas peur d'affirmer ce que Pie XII, Notre prédécesseur de vénérée mémoire, reconnaissait déjà ouvertement : une 'légitime et saine laïcité de l'État' en laquelle il voyait'l'un des principes de la doctrine catholique' (A.A.S., 1958, p.220). C'est pourquoi l'Église, aujourd'hui, distingue d'une part la laïcité, c'est-à-dire la sphère propre des réalités temporelles régies par leurs principes propres et ayant une relative autonomie correspondant aux exigences intrinsèques de ces réalités (scientifiques, techniques, administratives, politiques, etc.) : et d'autre part le laïcisme, qui exclut de la société les références morales et pleinement humaines qui postulent des rapports imprescriptibles avec la religion" (OR 23 mai 1968; DC 1968,1070).

Entre-temps, le thème de la laïcité — sa portée, sa justification, ses applications — est l'objet de débats toujours renaissants, en France dans le monde de l'enseignement, et dans la vie politique italienne[60].

# LE PONTIFICAT DE JEAN-PAUL II

Le nom choisi par le cardinal Karol Wojtyla nous met en référence immédiate avec son prédécesseur, qui fut pape pendant une trentaine de jours, du 26 août au 29 septembre 1978. Ses premières allocutions ne pouvaient envisager de façon très significative la question qui nous retient ici.

Le nouveau pape[61], quant à lui, parce qu'il a vécu depuis sa jeunesse dans une nation "occupée", s'était déjà prononcé sur l'Europe et même sur ses frontières. Celles-ci, écrivait-il avant son élection, peuvent être considérées de deux manières. Une manière récente, superficielle : ce sont les deux "blocs" antagonistes et d'esprit hégémonique créés à la suite de la guerre 1940-1945. Une manière plus profonde, plus authentique, celle qui intègre les anciennes diversités culturelles, religieuses, nationales, et qui tiennent compte des peuples de la Mitteleuropa, le Centre, avec les slaves notamment. Ce jugement sur la situation, le cardinal Wojtyla le défendait encore quelques mois avant son élection, dans un article de *Vita e pensiero* sur le "Risque Europe"[62].

## Le "discours" de Jean-Paul II

Mais qu'en est-il, dans les déclarations de Jean-Paul II, en ce qui concerne l'État moderne ?

Pour répondre à cette question, il faut tenir compte du fait que les exposés "européens" du Pape visent, dans l'ensemble, trois intentions : soit faire l'historique de l'Europe, avec ses composantes, ses racines, son identité; soit inviter les chrétiens à une évangélisation renouvelée des "européens" : les personnes, les nations, la société; soit enfin, parfois, indiquer brièvement — car ce n'est pas l'objectif direct de l'évangélisation — comment est envisagée la condition juridico-politique de cette future Europe et, dès lors, le genre de "présence" et d'"action" que l'Église pourra y exercer[63].

En fait, c'est le troisième aspect qui nous occupe ici. Et il faut reconnaître qu'il est peu connu, voire mal connu, du grand public.

D'une part, il ne fait pas l'objet d'exposés développés parce que, comme il vient d'être dit, l'établissement de l'Europe politique ne relève pas directement de la compétence de l'Église. Par ailleurs, lorsque les médias résument des enseignements pontificaux ou épiscopaux, ils en retiennent les éléments que leurs représentants estiment importants; et la brièveté même des compte-rendus ne donne pas aisément place à des prises de position occasionnelles. Et puis, comme l'invitation des papes et des évêques à l'évangélisation est en effet, et à juste titre, insistante, fervente, "à temps et à contretemps", disait Jean-Paul II à un interviewer[64], un écho médiatique non détaillé peut amener des spectateurs à l'entendre d'un retour en chrétienté.

Voici, très concrètement, un exemple de cette difficulté d'interprétation. Il s'agit de ce qu'on a appelé "le rêve de Compostelle"[65]. Le 9 novembre 1982, Jean-Paul II entreprend un premier voyage en Espagne. Il est au terme de son pèlerinage : le soir même il prendra l'avion qui le conduira à Rome. Il prononce alors un dernier discours, un "Acte européen", devant quatre ou cinq cent mille personnes[66].

On en a retenu le passage : "Je lance vers toi, vieille Europe, un cri plein d'amour. Sois toi-même. Découvre tes origines... Reconstruis ton unité spirituelle... !".

Mais on n'a guère noté que Jean-Paul II a ajouté immédiatement au passage cité ci-dessus : "... dans un climat de plein respect des autres religions et des libertés authentiques. Rends à César ce qui est à César et à Dieu ce qui est à Dieu" (p.1129). Le Pape a rappelé aussi que "Saint Benoît a su allier la romanité à l'Évangile, le sens de l'universalité du droit à la valeur de Dieu et de la personne humaine" (p.1130). Et, plus loin, abordant la question de la "place de l'Église" dans la "rénovation humaine de l'Europe", il précisait : "... sans revendiquer certaines positions qu'elle a occupées jadis et que l'époque actuelle considère comme totalement dépassées, l'Église elle-même, en tant que Saint-Siège et communauté catholique, offre son service pour contribuer à la réalisation de ces objectifs destinés à procurer aux nations un authentique bien-être matériel, culturel et spirituel. C'est pourquoi elle se présente au niveau diplomatique; ... pour la même raison, elle a participé, en tant que membre, à la Conférence d'Helsinki" (p.1130).

"Contribuer", "participer en tant que membre", "sans revendiquer certaines positions totalement dépassées". On ne peut omettre de tenir compte de semblables précisions.

Cette mise au point étant faite, nous poursuivons notre prospection dans les déclarations et écrits de Jean-Paul II et des évêques de ce temps. On y reconnaîtra trois thèmes majeurs : a) une constatation partout présente et fréquemment exprimée : nous sommes en période de "pluralisme" culturel et religieux; et donc les temps de "chrétienté" sont révolus; b) un acquis fermement défendu tous azimuts sur les droits humains fondamentaux, ce qui inclut la liberté civile en matière de religion, et d'où résulte une conception nette des limites de la compétence et de la mission de l'État face aux personnes, aux groupes, aux peuples, aux nations; c) enfin, une perspective se précise et prend forme autour du thème "laïcité"; le terme acquiert une acception recevable dans la mesure où il est dissocié du "laïcisme" et où il revêt un aspect "visible", "public" dont la nature est de plus en plus étudiée, sinon reconnue[67].

### Une société "pluraliste"

Aujourd'hui, la situation de "pluralisme" est largement reconnue. Pour éviter les malentendus, rappelons que "pluralisme" et "pluralité" ne sont pas identiques. "Pluralité" se dit face à "unicité" et donc lorsque "plusieurs" éléments sont reçus ou présents, et non un "seul". En parlant de la communion ecclésiale, on évoquera donc plutôt une pluralité de théologies, de liturgies, de droits canoniques, de spiritualités. "Pluralisme" porte sur une conception générale, un système global de pensée, accueillant des options variées en matière politique, religieuse, sociale, culturelle, etc... Nous vivons actuellement au cœur d'une "société pluraliste" et tout européen est attiré par un grand choix de valeurs, façonné par une variété de normes, engagé dans une multiplicité de références, immergé dans une large gamme de sensibilités, sollicité par des manières diverses de mener son existence et de s'organiser socialement.

Ce "pluralisme" est tout d'abord signalé dans les discours ecclésiastiques qui décrivent le "devenir historique" de l'Europe, des diverses nations européennes.

Au cours des cérémonies qui, en 1980, ont solennisé le XVème centenaire de la mort de saint Benoît, le cardinal A.Casaroli a expliqué comment le christianisme, à l'époque de saint Benoît, a "recueilli, du moins au plan de sa mission spirituelle, la vocation universelle de civilisation qui était celle de Rome". Il a rappelé que les monastères ont assuré le maintien et la traduction de *codices* anciens, religieux et ascétiques, certes, mais pour bientôt "s'étendre aussi aux témoignages du passé et de la littérature profanes des siècles passés", favorisant ainsi "la naissance de la grande culture qui réussit à intégrer les valeurs de l'humanisme païen dans une nouvelle synthèse chrétienne" (OR 22 mars,1980;DC 1980,356-357).

Au cours du Vème Symposium des évêques d'Europe, en octobre 1982, le Pape Jean-Paul II a rappelé que, au cours des siècles, le christianisme a intégré "l'héritage gréco-romain, la culture des peuples germaniques et celle des peuples slaves, en donnant vie à un esprit commun européen à partir de la variété ethnique et culturelle" (OR 7 oct.,1982;DC 1982,1153).

Et dans son discours à l'Université d'Uppsala, le Pape dit à ses auditeurs : "Notre époque exige un généreux engagement des meilleurs esprits de l'Université... pour analyser les contours d'une nouvelle solidarité mondiale... Votre tradition culturelle vous avantage parce qu'elle réunit toutes les traditions vivantes du continent : la scandinave, la germanique, la celtique, la slave et la latine. Vous êtes au carrefour, à la jonction de l'Est et de l'Ouest, et vous pouvez encourager... une tâche qui devrait être intellectuellement décisive pour la construction de la plus grande Europe de demain" (OR 12-13 juin,1989;DC 1989,702).

Dans ces survols historiques des valeurs spirituelles de l'Europe, lorsque se pose la question de l'"unité" de celle-ci, deux pistes de recherche se présentent. A certains moments, c'est la diversité culturelle et socio-politique qui semble être menée à une certaine convergence, voire à l'unité, grâce à la foi chrétienne et au christianisme. A d'autres moments, c'est un "ensemble commun", incarné diversement dans la vie et l'histoire des nations européennes, que le dynamisme de la composante chrétienne stimule à se déployer dans la logique de son originalité.

C'est la deuxième hypothèse qui est, semble-t-il, à retenir et à privilégier. En effet, la Commission internationale de théologie a publié récemment un document ayant pour objet "la foi et l'inculturation", et où il est dit : "la grâce respecte la nature, elle la guérit des blessures du péché, elle la conforte et elle l'élève. La surélévation à la vie divine est la finalité spécifique de la grâce, mais elle ne peut se réaliser sans que la nature ne soit guérie et sans que l'élévation à l'ordre surnaturel ne porte la nature, *dans sa ligne propre* [nous soulignons], à une plénitude de perfection". Par conséquent, poursuit le Document, "le processus d'inculturation peut être défini comme l'effort de l'Église pour faire pénétrer le message du Christ dans un milieu socio-culturel donné, appelant celui-ci à croître *selon toutes ses valeurs propres* [nous soulignons], dès lors que celles-ci sont conciliables avec l'Évangile" (DC 1989,283).

✱✱✱

Le "pluralisme" est également reconnu et décrit quand est établi un bilan — négatif et positif — de la situation de l'Europe aujourd'hui. Que de fois ne lit-on pas dans les écrits ou rapports des rencontres ecclésiastiques que l'Europe est une société pluraliste, Europe étant parfois entendu globalement de tout l'Occident... "Même et particulièrement dans une société pluraliste et partiellement déchristianisée, l'Église est appelée à travailler..." (Jean-Paul II, à Lorette; OR 12 avr.,1985;DC 1985,530). "C'est là un dialogue fondamental que tous doivent mener dans les quartiers, dans les lieux de travail, à l'école. C'est le dialogue qui convient à des croyants qui vivent ensemble dans une société moderne et pluraliste" (Jean-Paul II, aux musulmans de Belgique; OR 19 mai,1985;DC 1985,682-683)." Notre société pluraliste, ouverte à tous les vents, requiert un type de conscience humaine éclairée, libre et responsable" (Jean-Paul II, à Utrecht; OR 14 mai 1985;DC 1985,627)." Tout en respectant le pluralisme des sociétés modernes, sachons redonner vie et signification à l'héritage chrétien de l'Europe" (Jean-Paul II à des européens; OR 21-22 avr.,1986;DC 1986,533).

Notre Europe se présente ainsi comme une réalité multiple, chaotique, voire pleine de contrastes... Depuis quelques lustres, des papes, des épiscopats, des associations de laïcs ont proposé, de manière concrète et détaillée, ce que comporte l'"héritage" européen. On peut relire à cet égard l'*Appel de Saint-Jacques-de-Compostelle* (OR 11 nov.,1982;DC 1982,1128-1130). Ou encore les rapports présentés au cours du VIème Symposium des évêques d'Europe, qui avait pour thème la sécularisation et l'évangélisation de l'Europe d'aujourd'hui" (DC 1985,1065-1087). Sans oublier le plaisir qu'on aura à prendre connaissance de l'intervention de Mgr Mullor Garcia, observateur permanent du Saint-Siège auprès des Nations Unies à Genève, sur "L'Europe décloisonnée : un projet moral" (DC 1988,672-676). Et l'on terminera par le constat d'un philosophe. Pour Édgar Morin, par exemple, dans *Penser l'Europe* [68] la "dialogique" est au cœur de l'identité culturelle européenne. L'Europe, écrit-il, est à la fois la productrice et le produit "d'un tourbillon fait d'interactions et interférences entre de multiples dialogiques qui ont lié et opposé : religion/raison; foi/doute; pensée mythique/pensée critique; empirisme/rationalisme; existence/idée; particulier/universel; problématique/refondation; philosophie/sciences; culture humaniste/culture scientifique; ancien/nouveau; tradition/évolution; réaction/révolution; individu/collectivité; immanence/transcendance; etc." (p.127-128). Bref, une inextricable complexité, qu'il aère quelque peu en précisant : "la spécificité de la culture européenne est avant tout dans la continuité et l'intensité de ses dialogiques, où aucune des instances constitutives n'écrase ou n'extermine les autres, ni même n'exerce durablement une pesante hégémonie... L'antagonisme se trouve lui-même au sein de chacun des termes de la dialogique" (p.128). L'Europe est ainsi une *unitas multiplex*. Multiple certes, mais une, quand même.

Parler ainsi de pluralisme, c'est reconnaître équivalemment que nous ne sommes plus en condition de "chrétienté". Jean-Paul II — nous l'avons noté au début de cette plaquette — l'a déjà fait entendre dans son Appel de Saint-Jacques-de-Compostelle. Il l'a redit, et sans amertume, au cours de son voyage au Canada : "Vous constatez que la culture traditionnelle — caractérisant une certaine chrétienté — a éclaté : elle s'est ouverte à un certain pluralisme de courants de pensée et doit répondre à de multiples questions nouvelles : les sciences, les techniques et les arts prennent une importance croissante; les valeurs matérielles sont omniprésentes; mais aussi une sensibilité plus grande apparaît pour promouvoir les droits de l'homme, la paix, la justice, l'égalité, le partage, la liberté..." (OR 10-11 sept.,1984;DC 1984,937). Il l'a proclamé, de manière nette dans un milieu particulièrement intéressé à cet égard, au Parlement européen de Strasbourg. S'adressant à ses membres le 11 octobre 1988, il leur dit : "Chez certains, la liberté civile et politique, jadis conquise par un renversement de l'ordre ancien fondé sur la loi religieuse, est encore conçue comme allant de pair avec la marginalisation, voire la suppression de la religion, dans laquelle on a tendance à voir un système d'aliénation. Pour certains croyants, en sens inverse, une vie conforme à la foi ne serait possible que par un retour à cet ordre ancien, d'ailleurs souvent idéalisé. Ces deux attitudes antagonistes n'apportent pas de solution compatible avec le message chrétien et le génie de l'Europe (DC 1988,1045).

**Les droits humains fondamentaux**

Autre acquis de notre époque : l'éthos quasi universel des droits de l'homme − les personnes et les communautés − comme point de référence permanent des réflexions et des initiatives[69].

Les anniversaires de la Déclaration de 1948 sont l'occasion d'un message pontifical. Ainsi, en 1978 (OR 11-12 déc.,1978;DC 1979,1-3), et en 1988 (OR 9-10 déc.,1988;DC 1989,201-202). De même, lorsqu'il reçoit en audience des représentants ou des membres d'organismes ou d'associations européennes, le pape revient sur ces droits, reconnus en principe, fréquemment bafoués, et il rappelle que l'Église œuvre également pour le respect de la dignité de toute personne humaine.

L'histoire de la façon dont les papes récents ont compris le fondement des droits de l'homme est décrite dans les *Orientations* données par la *Congrégation pour l'éducation catholique* en juin 1989 (DC 1989,774-803)[70].

"Déjà Pie XII avait énoncé les principes, fondés sur le droit naturel, d'un ordre social conforme à la dignité de l'homme, concrétisé dans une saine démocratie, capable de mieux respecter le droit à la liberté, à la paix, aux biens matériels".

"Par la suite, l'encyclique *Pacem in terris* de Jean XXIII fut le premier texte pontifical officiel explicitement consacré aux droits de l'homme". En effet, en "scrutant les signes des temps", l'Église percevait la nécessité de proclamer les droits "universels, inviolables et inaliénables" de tous les hommes, contre toute discrimination et toute conception particulariste. Pour cela, *Pacem in terris* ne se contente pas de fonder les droits de l'homme sur la loi naturelle inhérente à la Création et ordonnée à la Rédemption, mais corrige un certain aspect individualiste de la conception traditionnelle de la réciprocité des droits et des devoirs, en insérant les droits dans un contexte de solidarité et en soulignant les exigences d'ordre communautaire que celle-ci comporte".

"A son tour Paul VI, dans l'encyclique *Populorum progressio*, sans séparer les droits de l'homme du domaine de la raison, en procédant surtout selon l'optique suivie par le Concile du Vatican II, met en évidence leur fondement chrétien et montre comment la foi en transforme la dynamique interne elle-même. On doit observer par ailleurs que, si *Pacem in terris* est la charte des droits de l'homme, *Populorum progressio* constitue la charte des droits des peuples pauvres au développement".

"Plus tard Jean-Paul II, en approfondissant cette réflexion, fondera les droits humains simultanément sur les trois dimensions de la vérité totale de l'homme : sur la dignité de l'homme en tant que tel, sur l'homme créé à l'image et à la ressemblance de Dieu, sur l'homme inséré dans le mystère du Christ" (p.785).

A propos de la formule "droits de l'homme", on sait que ces droits, tels qu'ils furent adoptés en 1948, ne comportent en principe aucun contenu philosophique ou théologique. Le Pape Jean-Paul II le reconnaît explicitement dans son *Discours au Corps diplomatique*, le 9 janvier 1989 : "On a justement relevé que la Déclaration de 1948 ne présente pas les fondements anthropologiques et éthiques des droits de l'homme qu'elle proclame. Il apparaît aujourd'hui clairement qu'une telle entreprise était à l'époque prématurée" (OR 9-10 janv., 1989;DC 1989,200).

\*\*\*

C'est la Commission internationale de théologie qui, en 1985, a présenté sur ce sujet l'étude la plus développée, et à laquelle on devrait se référer (DC 1985,383-391)[71]. Une note explicative donne d'abord de précieux renseignements sur son élaboration. Puis est exposée la "théologie de la dignité et des droits de l'homme" (créature, pécheur, sauvé par le Christ). Suit une comparaison de la condition concrète de ces droits dans le "premier monde" (l'Occident), le "deuxième monde" (le marxisme réel), le "Tiers-Monde". Enfin, est rappelée l'importance des tendances philosophiques actuelles, notamment le "personnalisme communautaire", dans la mouvance duquel devrait se préciser un "respect plus étendu et universel de ces droits".

Deux traits caractérisent cette étude. Tout d'abord, la division de la planète en "trois mondes", ce qui était moins souligné dans les autres interventions doctrinales ecclésiastiques. A titre documentaire, signalons que Mgr Mullor Garcia, observateur permanent du Saint-Siège auprès des Nations-Unies à Genève, au cours d'un Colloque organisé par le Conseil de l'Europe à Lisbonne, les 7-8 avril 1988, a fait allusion à un "quatrième monde", celui des "grands pauvres qui pullulent autour des mégapoles... tant du Nord aisé que du Sud appauvri", et il a invité à un "décloisonnement" de ce monde en vue d'une "solidarité planétaire" (DC 1988,674).

Autre trait : l'appel à des courants d'ordre "philosophique" et en vue d'un consensus "universel". Semblable réflexion n'est guère fréquente dans les documents ecclésiastiques majeurs. Et pourtant, les universités d'inspiration catholique comportent souvent une Section de philosophie qui pourrait intervenir de manière plus visible, plus approfondie, et plus régulière, en ce domaine des droits humains fondamentaux.

### Mission et compétence de l'État

L'insistance sur les droits humains fondamentaux — droits des personnes, des groupes, des institutions intermédiaires, des peuples et des nations — s'accompagne quasi naturellement d'allusions plus ou moins appuyées à la mission "limitée" et à la compétence "limitée" de l'État.

On en trouve déjà un développement dans l'encyclique *Redemptor hominis*, n.17 (DC 1979,312-314). Sous le titre "Droits de l'homme : 'lettre' ou 'esprit' ", un long passage rappelle que "le peuple est maître de son propre destin" et que "l'autorité de l'État est au service du bien commun". A cette occasion, Jean-Paul II parle des "droits objectifs et inviolables". "Objectif", fait observer un commentateur, peut signifier à première vue un droit qui ne peut être soumis à l'arbitraire de formulations ou mises en œuvre subjectivistes. Mais, relié à la pensée de Max Scheler dont le pape Jean-Paul II a pratiqué la philosophie, "objectif" pourrait avoir une signification plus déterminée, à savoir : ayant une valeur qui n'est pas le produit de forces observables par les sciences positives, mais sans que le pape veuille se lier à un système philosophique comme tel[72].

Venant de la Pologne, et en connaissant l'histoire pour en avoir vécu une période tragique, le Pape, plus que tous ses prédécesseurs, était en mesure de proclamer avec netteté, et même avec vigueur, la différence existant entre un peuple, une nation d'une part et, de l'autre, un État.

Dès janvier 1979, dans l'Allocution de Nouvel an au Corps diplomatique, il déclarait : "l'État, comme expression de l'autodétermination des peuples et nations, constitue une réalisation normale de l'ordre social. C'est en cela que consiste son autorité morale. Fils d'un peuple à la culture millénaire, qui a été privé durant un temps considérable de son indépendance comme État, je sais, par expérience, la haute signification de ce principe. Le Siège apostolique accueille avec joie tous les représentants diplomatiques, non seulement comme porte-parole de leurs propres gouvernements, régimes et structures politiques, mais aussi et surtout comme représentants des peuples et des nations qui, à travers ces structures politiques, manifestent leur souveraineté, leur indépendance politique et la possibilité de décider de leur destinée de façon autonome" (OR 13 janv.,1979;DC 1979,107).

Et en juin de la même année, reçu par M.Édouard Gierek et les autres autorités civiles de Pologne, il dit : "ce fait que la raison d'être de l'État est la souveraineté de la société, de la nation, de la patrie, nous autres Polonais, nous le ressentons de manière particulièrement profonde. Nous l'avons longuement appris tout au cours de notre histoire, et spécialement à travers les dures épreuves historiques de ces derniers siècles. Nous ne pouvons jamais oublier la terrible leçon historique qu'a été la perte de l'indépendance de la Pologne depuis la fin du XVIIIe siècle jusqu'au début de celui-ci" (DC 1979,603).

La même position doctrinale est entre-temps répercutée par les épiscopats, lorsqu'ils présentent une déclaration d'ensemble sur la présence et l'action de leurs Églises locales en ce monde. Ainsi, dans une *Déclaration* de l'Assemblée des évêques du Québec (DC 1980,442-443), ou dans une *Déclaration* de la Conférence épiscopale argentine, sur "Église et communauté nationale" (DC 1981,917-918), ou dans le *Document de travail* de l'Épiscopat du Chili sur "Évangile, éthique et politique" (DC 1984,1138-1139).

En 1989, dans son Discours annuel au Corps diplomatique, le Pape Jean-Paul II s'est exprimé de manière très précise : "... une évolution s'est opérée qui favorise l'élimination de l'arbitraire dans les relations entre l'individu et l'État. Et, à cet égard, la Déclaration de 1948 représente une référence qui s'impose, car elle appelle sans équivoque toutes les nations à organiser le rapport de la personne et de la société avec l'État sur la base des droits fondamentaux de l'homme. La notion d'"État de droit' apparaît ainsi comme une requête implicite de la Déclaration universelle des droits de l'homme et rejoint la doctrine catholique pour laquelle la fonction de l'État est de permettre et de faciliter aux hommes la réalisation des fins transcendantes auxquelles ils ont été destinés" (OR 9-10 janv.,1989;DC 1989,199).

### Le sens d'une authentique démocratie

En somme, c'est la conception "démocratique" du gouvernement qui est engagée ici.

En novembre 1983, le Pape Jean-Paul II s'exprima sur ce sujet de manière particulièrement vigoureuse. D'abord, dans un *Discours à des parlementaires pèlerins* de l'Année sainte. Après avoir évoqué le patrimoine de l'Europe, le Pape poursuivit : "Le sens de l'authentique démocratie auquel vous êtes attachés fait partie de ce patrimoine. Vous avez raison de promouvoir les voies de la démocratie, d'être soucieux d'une participation correcte des citoyens à la vie de la communauté politique, tout en maintenant la nécessité d'une autorité publique suffisamment forte" (OR 11 nov.1983;DC 1984,6). Ensuite, dans une *Allocution* intitulée "Pour la promotion de la démocratie en Europe" adressée aux Présidents des Parlements nationaux de dix pays. "Avec des variantes qui tiennent à leur histoire, dit le Pape, ces pays disposent en général de deux chambres, mandatées par le peuple souverain, pour exercer le pouvoir législatif, en se complétant, en se contrôlant, afin que le bien commun de tous vos compatriotes soit garanti par les lois avec le maximum de sagesse, de prudence, de justesse... Une telle démocratie... est une grande chance, si on la compare aux régimes fondés sur la violence, sur la dictature ou sur les privilèges d'une oligarchie toute-puissante. Oui, en ce sens, la vraie démocratie doit être défendue avec ténacité. Et vous, qui présidez personnellement au fonctionnement des Assemblées parlementaires... vous remplissez une charge méritoire, *un service qualifié* de nos nations, pour lequel je vous exprime mon estime, mes vœux et mes encouragements" (OR 27 nov.,1983; DC 1984,7).

"Une de vos tâches principales", disait encore Jean-Paul II à des membres de la Commission parlementaire du Conseil de l'Europe, "est d'éclairer et d'encourager l'opinion publique en ce qui touche à l'unité européenne, à la défense des droits de l'homme et au renforcement des principes et des pratiques démocratiques à l'intérieur des États-membres" (OR 18 mars,1988;DC 1988,440).

Dans cette mouvance, les épiscopats de nombreux pays promeuvent à leur tour les avancées démocratiques caractéristiques de notre époque. Ainsi, l'important *Document* publié par la Conférence nationale des évêques du Brésil en avril 1989 sur "Exigences éthiques de l'ordre démocratique" : obstacles, exigences, fondement, discernement et recommandations (DC

1990,714-725). En avril 1985, l'Assemblée ordinaire du CELAM avait déjà décrit la situation d'ensemble de la région latino-américaine : "Un motif incessant de satisfaction est le fait que, au cours de ces dernières années, divers pays ont emprunté les sentiers de la démocratie; cependant, nous regrettons qu'existent encore des régimes basés sur la force, aussi bien d'extrême droite que d'extrême gauche, et que, en beaucoup de pays démocratiques, la participation populaire ne soit pas encore véritablement libre, large et consciente" (DC 1985,610).

### Le droit à la "liberté religieuse"

Parmi les droits humains fondamentaux, le Pape et les évêques soulignent l'importance primordiale de la liberté "religieuse"[73]. Certes, Paul VI avait déjà dit clairement que parmi les droits fondamentaux de l'être humain, "la liberté religieuse tient une place de première importance". C'était dans son *Exhortation Apostolique sur l'évangélisation*, n.39 (DC 1976,8). Désormais, les déclarations en ce sens se font plus insistantes et plus précises.

Dès sa première encyclique *Redemptor hominis*, en 1979, Jean-Paul II s'exprime à ce sujet, et avec solennité. "En vertu de ma charge, je désire, au nom de tous les croyants du monde entier, m'adresser à ceux dont dépend de quelque manière l'organisation de la vie sociale et publique, en leur demandant instamment de respecter les droits de la religion et de l'activité de l'Église. On ne demande aucun privilège, mais le respect d'un droit élémentaire. La réalisation de ce droit est l'un des tests fondamentaux pour vérifier le progrès authentique de l'homme en tout régime, dans toute société, système ou milieu" (DC 1979,314).

Et pour qu'on ne se méprenne pas sur la portée de cet appel, le pape, à la tribune de l'O.N.U., l'explique. Le "respect de la dignité de la personnalité humaine semble requérir que, lorsque la teneur exacte de l'exercice de la liberté religieuse est discutée ou définie en vue de l'établissement de lois nationales ou de conventions internationales, les institutions qui par nature sont au service de la vie religieuse soient partie prenante. En omettant une telle participation, on risque d'imposer, dans un domaine aussi intime de la vie de l'homme, des normes ou des restrictions contraires à ses vrais besoins religieux" (DC 1979,879). Bref, le dialogue avec toutes les institutions "intermédiaires" de la société civile.

"Il appartient à la dignité de la personne humaine d'avoir la possibilité de répondre à l'impératif moral de sa conscience dans la recherche de la vérité", rappelle Mgr R.Martino aux Nations-Unies en 1988 (DC 1989,290).

*\*\**

A diverses reprises, l'objet même de ce que peut comporter une proposition "publique" de la religion, de son message, de ses requêtes, a été développé. Ainsi, par le représentant du Saint-Siège à la Conférence de la CSCE, Conférence sur la Sécurité et la Coopération en Europe, à Madrid, le 11 novembre 1980 (OR 15 nov.,1980;DC 1980,1172-1175)[74]. Par Mgr J.-L.Tauran, au cours du Forum culturel de Budapest, à propos des droits culturels des croyants (OR 21 nov.,1985;DC 1986,151-152). Par Mgr Audrys Bačkis à la Conférence de la CSCE, à Vienne, le 30 janvier 1987 (OR 1 févr., 1987;DC 1987,253-254), ainsi que le 26 février 1988 (OR 28 févr.,1988;DC 1988,397-398). Par Mgr A.Sodano, à la Conférence de la CSCE, le 19 janvier 1989 (OR éd. fr. hebd. 31 janv.,1989;DC 1989,295-297). Par le Pape Jean-Paul II, au cours de son voyage en Finlande, dans un Discours prononcé au Finlandia Hall, le 5 juin 1989, pour célébrer l'œuvre de l'Acte final d'Helsinki (OR 9 juin,1989;DC 1989,682-685, où l'on trouvera également quelques articles du Document de Vienne 1989 sur la Liberté religieuse, p.684).

Voici, pour illustrer ces indications, comment Mgr J.-L.Tauran s'exprimait en 1985 pour la défense des droits culturels des croyants :

1. Les membres des dénominations religieuses doivent pouvoir communiquer publiquement entre eux, soit à l'intérieur de la nation dont ils sont les citoyens, soit avec leurs coreligionnaires des autres pays. Et cela, tant au niveau des membres qu'à celui des responsables de ces communautés.

2. Comme toute personne humaine, le croyant a besoin de se cultiver en matière religieuse et donc d'avoir la possibilité de se procurer et de connaître des ouvrages de contenu théologique et de réflexion religieuse. En outre, les institutions et organisations religieuses devraient pouvoir effectivement publier tous les ouvrages nécessaires à leurs besoins, en particulier ceux des séminaires et maisons de formation.

3. Il faut que soit garanti également le droit des familles à pouvoir transmettre à leurs enfants, selon les impératifs de leur conscience, l'héritage religieux et les valeurs culturelles qui

inspirent leur communauté ethnique. Cela ne peut être ignoré par les législations touchant l'éducation.

4. Les croyants doivent aussi avoir la faculté d'user des moyens de communication sociale à rayonnement national et international pour recevoir ou diffuser librement des nouvelles et des programmes culturels de teneur religieuse. Ils devraient de même pouvoir recevoir sans entrave des journaux, revues et livres d'inspiration religieuse et bénéficier de possibilités réelles pour éditer leurs propres publications.

5. Les libres rencontres entre spécialistes de sciences religieuses et théologiques sont exigées par le besoin d'échanger entre communautés de croyants; ce qui suppose qu'elles puissent inviter et accueillir des experts dans leur propre pays ainsi que participer à de telles réunions à l'étranger. La possibilité de déplacement devrait donc être garantie, afin de permettre une présence à ces rencontres.

6. Enfin, dans la restauration des édifices religieux qui servent actuellement au culte, tout le possible doit être fait pour maintenir leur finalité spécifique : une église, au-delà de sa valeur artistique, doit demeurer le lieu où une communauté de croyants se retrouve pour célébrer le culte et vivre sa foi. Ce même principe doit s'appliquer à la restauration des monastères qui abritent des personnes ayant choisi de vivre ensemble, selon des règles légitimement établies par l'autorité religieuse ou par des statuts propres.

## "Privé", "Public", "Laïc"

Moins d'un an après son élection, pendant son voyage aux États-Unis, Jean-Paul II prit la parole au cours de la XXXIVme Assemblée générale de l'O.N.U. (2 octobre 1979). A cette occasion, il aborda la question de la liberté religieuse et cita un passage de la Déclaration *Dignitatis humanae*, n.3 : "De par son caractère même, en effet, l'exercice de la religion consiste avant tout en des actes intérieurs volontaires et libres par lesquels l'homme s'ordonne directement à Dieu; de tels actes ne peuvent être ni imposés ni interdits par aucun pouvoir purement humain. Mais la nature sociale de l'homme requiert elle-même qu'il exprime extérieurement ces actes internes de religion, qu'en matière religieuse il y ait des échanges avec d'autres, qu'il professe sa religion sous une forme communautaire". Puis le Pape ajouta que ces paroles prouvent "de quelle façon la confrontation entre la conception religieuse du monde et la conception agnostique ou même athée, *qui est l'un des 'signes des temps' de notre époque* [nous soulignons] pourrait conserver des dimensions humaines, loyales et respectueuses, sans porter atteinte aux droits essentiels de la conscience de tout homme ou toute femme qui vivent sur la terre" (DC 1979,879). Le Pape pouvait d'autant plus aisément citer la Déclaration de Vatican II que la Déclaration de 1948, au n.18, affirme que "toute personne a droit à... manifester sa religion ou sa conviction, seule ou en commun, tant en public qu'en privé".

Désormais les allocutions du Pape au Corps diplomatique ou les interventions des représentants du Saint-Siège lors des réunions d'organismes internationaux, reprendront inlassablement le thème d'une liberté religieuse, "en privé et en public".

Lors de ces rencontres internationales, la raison profonde de semblable requête ou exigence est esquissée, voire quelque peu développée. En voici un exemple. Dans une Lettre adressée aux chefs d'État signataires de l'Acte final d'Helsinki réunis à Madrid le 11 novembre 1980, le Pape leur expliqua sa position. "L'homme est amené, en se fondant sur ses propres convictions, à reconnaître et à suivre une conception religieuse ou métaphysique dans laquelle est impliquée toute sa vie en ce qui concerne les choix et les comportements fondamentaux. Cette réflexion intime, même si elle n'aboutit pas à une affirmation de foi en Dieu explicite et positive, ne peut pas ne pas être tout de même objet de respect au nom de la dignité de la conscience de chacun, dont le mystérieux travail de recherche ne saurait être jugé par d'autres hommes... Cette liberté concrète se fonde sur la nature même de l'homme dont le propre est d'être libre et elle demeure... même chez ceux qui ne satisfont pas à l'obligation de chercher la vérité".

Un deuxième élément non moins fondamental, poursuit le Pape, "est constitué par le fait que la liberté religieuse s'exprime par des actes qui ne sont pas seulement intérieurs et exclusivement individuels, puisque l'être humain pense, agit et communique en relation avec les autres; la 'profession' et la 'pratique' de la foi religieuse s'expriment par une série d'actes visibles, qu'ils soient personnels ou collectifs, privés ou publics, qui donne naissance à une communion avec des personnes de même foi, établissant un lien d'appartenance du croyant avec une communauté religieuse organique" (OR 15 nov.,1980;DC 1980,1173).

En ce domaine, on prendra connaissance avec intérêt de la *Déclaration sur l'élimination de l'intolérance* approuvée par une Assemblée générale de l'O.N.U. le 18 décembre 1982 sous le titre général : "Déclaration sur l'élimination de toutes les formes d'intolérance et de discrimination fondées sur la religion ou la conviction" (OR 24-25 oct.,1983;DC 1984,337-340).

En fait, l'adjectif "public" se rencontre de plus en plus fréquemment, et notamment dans les discours et écrits ayant trait aux médias et aux moyens de communication sociale, ainsi qu'aux conséquences du déploiement considérable de ces moyens sur la maturation et l'avenir de l'"opinion publique". Si l'évangélisation est invitée à mettre en œuvre tous les moyens de communication modernes, comment pourrait-on éviter que ces initiatives soient "publiques" ? Et si l'action de l'Église doit porter également sur l'appréciation éthique des options et initiatives de la société, comment écarter des prises de position et des invitations "publiques" ?

Or, il existe une Commission pontificale pour les communications sociales", il existe une "Journée mondiale des communications sociales", et donc aussi des Discours du pape ou des épiscopats à l'occasion de cette Journée : comment pourrait-on enjamber le terme "public" et faire conclure que tout ce domaine doit être considéré comme "privé" ?

Dans le Discours qu'il adressait le 27 février 1986 aux membres de la Commission Pontificale pour les moyens de communication sociale, Jean-Paul II leur disait, tout d'abord, concernant l'évangélisation : "Si ceux qui cherchent à promouvoir des produits commerciaux et des services professionnels considèrent qu'il est essentiel de faire parvenir leur message à l'attention du public par l'intermédiaire des moyens de communication sociale, comment l'Église peut-elle manquer de proclamer et de partager par les moyens de communication le message sans prix de l'Évangile ?" (OR 28 févr.1986;DC 1986,366). Et par ailleurs, concernant l'opinion publique, le même Discours en appelait à une "philosophie publique". En effet, "en choisissant les modèles à imiter, les thèmes à traiter et les approches à adopter, ceux qui sont employés dans les moyens de communication devraient désirer profondément travailler à établir un consensus moral public, à construire ce que des penseurs ont appelé 'une philosophie publique'. Une telle philosophie publique devrait certainement inclure la reconnaissance de la nécessité de l'honnêteté et de l'intégrité personnelle, ..." (*Ibid.*)

C'est précisément sur la nécessité de l'"opinion publique" qu'insiste à la même époque une Note de la Commission Pontificale pour les communications sociales. "L'opinion publique fait partie intégrante de la nature sociale de la personne humaine comme écho des événements. Les médias, grâce à leur impact universel, créent une opinion publique mondiale de plus en plus socialisée. L'importance de cet écho grandit dans la mesure où, aujourd'hui, tous participent (et devraient participer) plus activement à la vie publique. Dans les régimes démocratiques l'opinion publique est indispensable pour créer un climat de liberté et est déterminante pour les gouvernements". D'où la grave responsabilité de tous les communicateurs chrétiens, qui sont appelés à respecter à la fois les règles de la professionnalité et les normes de la véracité (DC 1986,367-368).

***

Parmi les caractéristiques de l'État moderne, les auteurs notent aujourd'hui l'adjectif "laïc". Que représente-t-il en ce temps ?

En réalité, cet adjectif, avec connotation positive, n'apparaît guère dans les documents ecclésiastiques majeurs. Voici, à titre documentaire, quelques citations portant sur cette "laïcité" de l'État.

Dans leur *Déclaration* sur "Église et communauté nationale", la Conférence épiscopale argentine, en mai 1981, rappelle l'allusion de Pie XII à une "saine laïcité légitime de l'État". Puis, elle poursuit : "Laïcité ne veut pas dire laïcisme. Celui-ci est un abus d'autonomie qui équivaut à affirmer que, dans l'ordre temporel, Dieu est absent et que l'Église n'a rien à dire" (DC 1981,928). En 1986, dans une *Lettre* sur "les racines chrétiennes de la Catalogne", les évêques catalans déclarent : "L'Église, en conformité avec les principes expressément proclamés par Vatican II, de la liberté religieuse, de la saine laïcité et de l'autonomie des réalités temporelles, respecte la pluralité des options et ne demande pour elle-même, comme on l'a répété abondamment en ces dernières années, rien de plus que la liberté pour l'accomplissement de sa mission évangélisatrice" (DC 1986,813). "Il est vrai", faisait observer Mgr Mullor Garcia en avril 1988 au cours d'un colloque européen, "qu'un étrange mélange de théologie et de politique a conduit à la découverte d'une saine laïcité qui exige le respect de l'autonomie du temporel vis-à-vis du sacré" (DC 1988,675).

Par contre, en ces dernières années, à la suite de difficultés ressenties dans le secteur des "problèmes de l'école", les évêques de France ont été amenés à reprendre la discussion sur la laïcité. Ainsi, par exemple, l'*Intervention* de Mgr P.Plateau au Colloque "Laïcité, espace de liberté", le 26 janvier 1985 (DC 1985,548-550). Ou également, le *Document* "Éduquer n'est pas contraindre" publié par la Commission épiscopale du monde scolaire en date du 9 juin 1989, sur les trois thèmes : éducation, laïcité, pluralisme (Dc 1989,804-806). Aussi, le *Dossier* de la *Documentation catholique* à l'occasion du colloque "La Croix-l'Événement", avec de multiples exposés et déclarations (DC 1989,585-600). Ou par ailleurs, une *Déclaration* "École et laïcité", du Conseil de la Fédération protestante de France, daté du 5 février 1989 (DC 1989,408-409).

Récemment, la Conférence des évêques de Berlin a fait connaître ses intentions, en ce moment de "transformation de l'État et de la société" : "face à une évolution qui tend à l'établissement d'une société de plus en plus ouverte et démocratique, il nous est demandé une collaboration plus engagée" (DC 1990,274-275).

La recherche, désormais, est ouverte[75].

## Le Discours au Parlement européen

Au cours de son récent voyage en France, le 11 octobre 1988, le Pape Jean-Paul II a été reçu par le Parlement européen. Il y prononça un Discours qui révèle les grands traits de sa position sur la place et le statut de l'Église dans l'État moderne (DC 1988,1043-1046).

Jean-Paul II précisa notamment ce qu'il attendait de la "liberté civile et politique". Ce n'est pas la marginalisation de l'Église ou des religions, ni d'autre part un retour à l'ordre "ancien" du genre médiéval, mais bien une liberté civile qui garantit pleinement la liberté religieuse. "Chez certains, la liberté civile et politique, jadis conquise par un renversement de l'ordre ancien fondé sur la loi religieuse, est encore conçu comme allant de pair avec la marginalisation, voire la suppression de la religion, dans laquelle on a tendance à voir un système d'aliénation. Pour certains croyants, en sens inverse, une vie conforme à la foi ne serait possible que par un retour à cet ordre ancien, d'ailleurs souvent idéalisé. Ces deux attitudes antagonistes n'apportent pas de solution compatible avec le message chrétien et le génie de l'Europe" (p.1045).

Un peu plus loin dans ce discours, Jean-Paul II revient sur le même thème, évoque la chrétienté latine médiévale et la tentation intégraliste, pour conclure semblablement que cette position n'est pas compatible avec le génie de l'Europe, ni avec le message chrétien. "Notre histoire européenne montre abondamment combien souvent la frontière entre 'ce qui est à César' et 'ce qui est à Dieu' a été franchie dans les deux sens. La chrétienté latine médiévale — pour ne mentionner qu'elle —, qui pourtant a théoriquement élaboré, en reprenant la grande tradition d'Aristote, la conception naturelle de l'État, n'a pas toujours échappé à la tentation intégraliste d'exclure de la communauté temporelle ceux qui ne professaient pas la vraie foi. L'intégralisme religieux, sans distinction entre la sphère de la foi et celle de la vie civile, aujourd'hui encore pratiquée sous d'autres cieux, paraît incompatible avec le génie propre de l'Europe tel que l'a façonné le message chrétien" (p.1045).

Parlant de cette manière, le Pape évoque une situation de "liberté civile" en matière de religion qui implique un réel pluralisme. Et il le décrit avec optimisme : "Car lorsque règne la liberté civile et que se trouve pleinement garantie la liberté religieuse, la foi ne peut que gagner en vigueur en relevant le défi que lui adresse l'incroyance, et l'athéisme ne peut que mesurer ses limites devant le défi que lui adresse la foi" (DC 1988,1045).

Au Colloque de Klingenthal (octobre 1989), M. F.Rodé, secrétaire du Conseil Pontifical pour le Dialogue avec les non-croyants, a rappelé ce Discours de Strasbourg et en a résumé la signification comme suit : "Contrairement à ce que certains pourraient penser, le pape n'offre pas la vision d'une Europe spirituellement unitaire, il ne propose pas la vision d'une chrétienté médiévale, loin de là"[76]. Proposé en de telles circonstances, ce commentaire est lourd de sens. Toutefois, si ces paroles du Pape indiquent un franchissement de cap, elles n'annoncent nullement une ère de silence, comme le montre la suite du Discours.

En effet, parler de la liberté civile et l'entendre en ce sens, c'est admettre que l'Église se distingue nettement de l'État, qu'elle se situe au cœur de l'espace public reconnu par le pouvoir civil à tous les citoyens, individus et groupes, mais aussi qu'elle demande comme droits et possibilités d'existence, de vie et d'action tout ce que l'État reconnaît à tous les citoyens, dans le domaine privé ou public. "Depuis bientôt deux millénaires, l'Europe offre un exemple très significatif de la fécondité spirituelle du christianisme qui, de par sa nature, ne peut être relégué dans la sphère privée. Le christianisme, en effet, a vocation de profession publique et de présence active dans tous les domaines de la vie. Aussi mon devoir est-il de souligner avec force que si le substrat religieux et chrétien de ce continent devait en venir à être marginalisé dans son rôle d'inspirateur de l'éthique et dans son efficacité sociale, c'est non seulement tout l'héritage du passé européen qui serait nié, mais c'est encore un avenir digne de l'homme européen — je dis de tout homme européen, croyant ou incroyant — qui serait compromis" (p.1045). Le caractère public, c'est donc très particulièrement "l'inspiration éthique" et "l'efficacité sociale". Et lorsque, en de telles conditions, des personnes ou des groupes se trouvent en désaccord, la seule solution réellement humaine et réellement féconde est à chercher par le "dialogue" : "la vérité ne s'impose que par la force de la vérité elle-même qui pénètre l'esprit avec autant de douceur que de puissance" (Déclaration *Dignitatis humanae*, 1).

# CONCLUSION

Récemment, dans un court article publié par "30 jours dans l'Église et dans le monde"[77] (août-sept.1990,p.57), le cardinal J.Ratzinger parlait d'un État "profane". "L'État, nous l'avons dit, n'est pas le Règne de Dieu. L'État, en tant que tel, ne saurait être un producteur de morale. A vrai dire, l'État n'est un bon État que lorsqu'il ne se mêle pas de morale. Mais il est également vrai que l'État tire sa substance d'une base transpolitique, et qu'il ne peut rester un bon État que s'il repose sur des forces qu'il ne génère pas lui-même. Autrement dit, l'État ne doit pas se transformer en religion. Il doit rester profane et, comme tel, se distinguer de la religion. Il doit pourtant éviter de tomber dans le pragmatisme pur. Au contraire, il doit s'efforcer d'enrichir le patrimoine des conventions morales. L'éthique ne peut, en effet, devenir autorité que par l'intermédiaire de ces conventions, servant ainsi de guide de l'État". Donc, "l'État doit rester profane".

Dans cette mouvance, l'on peut ébaucher une rapide réflexion sur les données qui fondent semblable conception[78].

## La "laïcité de l'État" : une plausibilité foncière

Ceux qui ont entrepris la description attentive de la condition personnelle des êtres humains font mention de leurs multiples facultés et potentialités. Et ils ajoutent que c'est par l'échange avec autrui, par la réciprocité des services, par le dialogue, que les personnes se déploient et s'épanouissent : la "*vie sociale*" n'est pas un élément surajouté à leur devenir, mais une condition indispensable de celui-ci.

Le dynamisme spontané de tout ce qui nous entoure dans la nature et de tout ce qui nous advient de jour en jour dans l'histoire, nous mène bientôt, nous *êtres humains*, à constituer des *communautés*. Celles-ci, lorsque intervient une certaine initiative volontariste de ses membres, se mue en *société*. Lorsqu'une société humaine se décide à vivre une union consentie en vue d'un objectif commun durant un temps notable, elle se transforme en *société politique*. Et cette société politique établit en même temps une certaine forme de *gouvernement*.

On appelle habituellement *État* une société politique fermement structurée, ou le seul gouvernement de cette société.

On parle de peuple, de *nation*, lorsqu'une communauté humaine a pris conscience de diverses racines communes, de certains caractères communs.

Ces sociétés politiques se déploient au cours des siècles et sous toutes les latitudes grâce au dynamisme de tous les facteurs humains qui, petit-à-petit, les ont fait croître, s'épanouir, en tous les domaines. En d'autres termes : les sociétés politiques, grâce à l'intelligence et à la rationalité de leurs membres, à la liberté et à la responsabilité de ceux-ci, à leur sociabilité et à leurs initiatives, ont donné corps et forme à l'ensemble des *biens* qui sont appelés ou requis par le développement de tous, au plan individuel, collectif, commun. En principe, ces sociétés politiques ou civiles ont même pour objectif la totalité du bien commun de leurs membres : aussi les reconnaît-on comme sociétés "parfaites", "souveraines", jouissant de tous les moyens nécessaires à atteindre leur propre fin, qui est dite "temporelle".

L'adjectif "temporel", utilisé ici pour la première fois au lieu de "humain", a été requis à partir du moment où, au cours de l'histoire, d'autres instances et institutions sont nées et se sont développées parmi les membres de la société civile, et notamment les instances "religieuses" sous diverses formes. Celles-ci éclosent, petit-à-petit également, lorsque les êtres humains ont développé une réflexion sur eux-mêmes, sur leur origine, sur leur destinée, bref sur les questions qu'on appelle "ultimes" et qu'ils ont tenté d'y répondre comme il sied à des personnes humaines, en donnant à leurs options et à leurs conceptions un caractère de visibilité, de sociabilité, avec des rites et des doctrines. Dans la Religion judéo-chrétienne, dans l'Islam aussi, une révélation divine transmise par des prophètes, précise les formes et caractères de ces institutions religieuses introduites dans la vie et l'histoire de l'humanité.

De là, pour les membres de la société civile, deux domaines distincts, qui ont une nature et une finalité particulières, "propres". Et ce *proprium* est désigné par une série d'adjectifs qui soulignent telle ou telle nuance, car aucun d'entre eux ne peut, à lui seul, intégrer la gamme entière de ses facettes. Pour la société civile, ou l'État, on a employé les termes : humain, naturel, temporel, profane, séculier, terrestre, laïc même (lorsqu'on voulait se différencier des "clercs"). L'Église du Christ — nous ne parlons que d'elle ici — est caractérisée par les termes : religieux, surnaturel, sacré, sacerdotal, clérical.

Si l'histoire du monde se réduisait à une juxtaposition "intemporelle" et absolument "statique" de ces deux domaines, on pourrait rêver d'une existence humaine de pleine sérénité... Hélas — ou plutôt, heureusement — il n'en va pas ainsi.

Les deux instances sont organisées. Elles font valoir leurs finalités, leurs pouvoirs, leurs caractéristiques. L'*État* revendique une antériorité absolue : il remonte aux origines. Il souligne une précédence incontestable par rapport aux religions, à l'Église chrétienne en particulier. Il souligne son universalité, à l'image de l'universalité de l'ensemble de l'humanité. L'*Église* — pour en rester à notre religion — elle, est apparue au cours des temps, même si l'ère que nous suivons a commencé avec Jésus-Christ. Elle est restreinte en ampleur à ceux qui croient en Dieu et en l'Incarnation. Mais elle revendique une institution "divine" ainsi qu'un finalité "surnaturelle" engageant l'éternité.

Depuis vingt siècles, la convivence de ces deux institutions a connu des aléas multiformes. L'Église médiévale a proclamé sa supériorité foncière, arguant du fait que la finalité temporelle est subordonnée à la finalité éternelle, et que "les pouvoirs" sont à l'image des "finalités" : *potestates sunt ut fines*. A l'époque moderne, on a connu par contre des États totalitaires, le Césaro-papisme, des Démocraties professant l'athéisme.

Mais ce qui nous importe, de façon immédiate, c'est de rappeler que chaque instance a un "proprium" spécifique qui est animé et promu par des potentialités spécifiques, et que le minimum à respecter est de rejeter toute perspective "totalitaire" dans le comportement "terrestre" de l'humanité, le seul qui nous concerne ici. Car nous ne sommes pas encore à la Parousie, ni dans le Royaume.

Et c'est dans de semblables perspectives — où l'ensemble des libertés publiques sont réellement accueillies et promues dans l'espace étatique d'une démocratie pluraliste — que l'on pourrait parler, pour l'État, de "laïcité ouverte", comme norme et assise de la rencontre Église-État de notre temps.

## La "laïcité ouverte" : une précarité radicale

Divers colloques réunis récemment en France manifestent une tendance à situer le débat de la laïcité au-delà du domaine des "cultes" ou de l'"école". Des représentants officiels des instances ecclésiastiques désirent vivre "visiblement" dans la société civile dans la logique de la doctrine de Vatican II sur la liberté religieuse, telle qu'elle été rappelée au début de cette étude. Et des représentants officiels de milieux laïques estiment nécessaire de vivre aujourd'hui un laïcisme qui ne se pense pas simplement en opposition à telle doctrine ou telle institution religieuse, mais comme expression positive de la rationalité, de la solidarité, de l'égalité, de la démocratie et d'autres valeurs développées par les potentialités humaines, et même parfois en dialogue serein avec les autres options ou conceptions "philosophiques". C'est là, incontestablement, un moment heureux dans l'histoire séculaire assez mouvementée des relations entre "humanistes" et "chrétiens", et il appelle un effort commun décidé. Mais ce moment lumineux se situe à un point d'une trajectoire riche en variations multiformes qui en ont révélé de siècle en siècle une sorte de précarité conaturelle, à laquelle on ne peut échapper, semble-t-il.

"Précaire", explique le petit Larousse : "qui n'a rien de stable, d'assuré; incertain, provisoire, fragile". Et même, grâce à l'étymologie : "obtenu par les prières, *preces*". Le thème de la "laïcité ouverte" est dans le vent aujourd'hui. Il joue le rôle d'un "horizon", avec le poids et la valeur que cela comporte. Mais l'effort de ceux qui œuvrent à en faire une réalité de l'an 2000 buteront contre deux obstacles graves, l'un historique, l'autre théologique.

Un obstacle historique : le "laïcisme", ou une opposition plus ou moins agressive, de la part de personnes ou d'associations, à toute croyance en un Dieu, ou à toute Révélation divine dans l'histoire, ou à l'Église et ses clercs, ou à toute Religion.

La réalité de cette opposition est décrite dans de nombreux ouvrages qui en rappellent l'histoire mouvementée et les débats toujours renaissants[79]. Et personne ne pourrait montrer ou prédire raisonnablement que ce comportement individuel ou collectif ne se perpétuera point au cours des siècles à venir, voire jusqu'à la fin des temps : la foi religieuse est une adhésion libre.

Des prédictions pessimistes ne conviendront certes pas aux historiens. Mais, ici, les théologiens pourraient prendre le relais, très modestement certes, mais non sans arguments.

Dans une thèse de maîtrise en théologie, *L'Antéchrist et l'opposition au Royaume messianique dans l'Ancien et le Nouveau Testament* [80], le P.Béda Rigaux concluait à une opposition individuelle et collective jusqu'à la fin des temps. Opposition individuelle, au cœur de la fragilité morale de tous et de chacun. Opposition collective, aussi. Or, la forme la plus vive de cette opposition collective, et donc institutionnelle, n'est-ce pas telle Religion non chrétienne, ou tel État officiellement athée, par exemple ? Ne peut-on du moins estimer que de grands ensembles non chrétiens, sans être explicitement agressifs, pourraient aussi, par leur seule existence, faire obstacle à l'instauration de la Seigneurie de Jésus-Christ ici-bas ? A la dernière page de son étude, le P.B.Rigaux écrit : "Pour l'époque qui va de la venue du Christ à la fin du monde, le Nouveau Testament prédit incontestablement que la persécution et la séduction contrecarreront le progrès de l'Évangile; il annonce en même temps que cette persécution et cette séduction, œuvre de Satan et des hommes pervers, ne parviendront pas à ruiner l'édifice bâti par le Christ" (p.408).

Le Concile du Vatican II, par la Constitution pastorale *Gaudium et spes*, 37, nous rappelle aussi qu'"un dur combat contre les puissances des ténèbres passe à travers toute l'histoire des hommes; commencé dès les origines, il durera, *le Seigneur nous l'a dit*, [nous soulignons] jusqu'au dernier jour". Le texte conciliaire renvoie à *Mt* 24,13; 13,24-30 et 36-43. Mais il n'y a pas seulement l'Évangile de Matthieu. Chez Luc aussi, le récit de la tentation montre Satan, maître du monde et détenant la puissance des royaumes (*Lc* 4,6). Les Lettres de Saint Paul n'envisagent pas autrement l'hostilité de Satan à la diffusion de l'Évangile. L'œuvre du mal est la source de la tribulation eschatologique, inaugurée dès les premiers âges de l'Église. L'Apocalypse de saint Jean est aussi claire à ce sujet : porté par le langage apocalyptique, un même enseignement est répété : la lutte incessante contre l'expansion du royaume messianique et le triomphe final du Christ.

Certes, la théologie de l'Église décrit régulièrement le dynamisme spirituel de celle-ci, tendu vers le déploiement de son universalité. Mais les auteurs qui abordent ce sujet ne distinguent pas toujours avec assez de discernement l'enseignement de la révélation sur l'Église *au cours de son pèlerinage terrestre* et celui qui vise l'Église *dans sa condition finale et plénière*. Et les perspectives vétérotestamentaires d'un royaume messianique de nature temporelle ajoutent encore à la complexité de l'argumentation tirée des Écritures.

En tout cas, certains faits font réfléchir. L'Islam est né après le temps de Jésus-Christ; il représente une religion autre que la religion chrétienne et il se déploie souvent en tension avec le christianisme. D'autre part, des régimes politiques officiellement athées sont nés au cours du XXe siècle; à cet égard, l'Albanie a représenté une réussite quasi totale. Et rien ne permet d'assurer que de semblables phénomènes religieux ou politiques n'apparaîtront plus dans la suite, et même jusqu'à la Parousie.

De telles perspectives d'avenir pour le ministère ecclésial requièrent que soit présente dans l'Église une fonction de défense, et aussi que celle-ci soit exercée comme il sied, en "usant des voies et des moyens propres à l'Évangile" : *viis et subsidiis Evangelio propriis (Gaudium et spes*, n.76§4).

### Une Europe pleinement humaine

Dans son intervention à la Conférence sur la Sécurité et la Coopération en Europe, à Copenhague le 6 juin 1990, Mgr A.Sodano attirait l'attention sur "la dimension humaine de cette Europe... dont il reste à développer le cadre constitutionnel de la vie politique et civile". Et il lança dans ce but un appel à l'engagement responsable de tous les Européens : "tous les Européens doivent acquérir, ou réacquérir, le sens de la responsabilité civique et de la promotion du bien commun, essentiel à toute société qui veut un cadre favorable à l'expression libre du peuple qui la compose". C'est que, en effet, "le Saint-Siège est attaché à ce que l'ordre juridique des actions soit en accord avec ces droits et ces libertés fondamentales qui tiennent tant à cœur à cette Conférence. L'État de droit protège la personne contre toutes les formes d'arbitraire"[81].

Ces considérations avaient comme point d'application deux valeurs européennes, la sécurité et la collaboration. Mais dans cette mouvance, ne pourrait-on considérer l'ensemble des valeurs communes européennes, le patrimoine européen "formé de ressources naturelles et de créations humaines, de richesses physiques mais aussi de valeurs spirituelles, de croyances et de savoirs, d'angoisses et d'espoirs, de raisons d'être et de modes de vie, dont la diversité fait la richesse d'une culture commune, base fondamentale de la construction européenne"[82]. Et l'on pourrait alors stimuler tous les laïcs européens à une action sage et éclairée, mais décidée et persévérante, pour que ce patrimoine acquière petit-à-petit le cadre juridique approprié, dont on devine les traits chaque fois que les acteurs de la construction politique européenne envisagent celle-ci dans les perspectives d'un État de droit, démocratique, pluraliste.

Bref, une Europe pleinement humaine : consistance temporelle, dynamisme spirituel et, à certains regards, clignotant du Royaume.

# NOTES

1   Voir *L'Osservatore Romano* du 27-28 mai 1985; trad. franç., dans la *Docum. cathol.*, t.82, 1985, p.851-853, où l'on trouvera les citations qui suivent. Dans cet ouvrage nous citerons désormais à l'aide des sigles OR et DC. De même, le sigle AAS pour les *Acta Apostolicae Sedis*.

2   Sur l'ensemble de cette question, voir J.-B. LO GRASSO, *Ecclesia et Status. Fontes selecti historiae iuris publici ecclesiastici*, Rome, 1952; I.M.MARTINEZ, *La Iglesia y la comunidad politica. Documentos colectivos de los episcopados catolicos de todo el mundo* (1965-1973), Madrid, Édit. Catolica, 1975,760p. Voir les Bibliographies internationales thématiques publiées sous la direction de J.SCHLICK et M.ZIMMERMANN dans RIC Supplément (Strasbourg), sous le titre *Church and State-Église et État*, nn.35-38 (1973-1977), nn.59-60 (1978-1980). Sur les diverses théories de la "séparation" au début du siècle, un excellent état de la question par A.VAN HOVE, *La séparation de l'Église et de l'État*, dans *Nouv. Revue Théol.*, t.51, 1924, p.425-435, 449-464, 534-554. Un bref état de la question aujourd'hui : M.DIET, *Église et État selon Vatican II*, dans *Ephem. Theol. Lovan.*, t.54, 1978, p.145-160. Cet article résume une thèse de doctorat en droit canonique à la Kat.Univ.Leuven : *Kerk en Staat volgens het tweede vaticaanse concilie : de godsdienstvrijheid als grondslag van hun onderlinge verhouding*, 1977, XXXVI-197p.; *Kirche und Staat in der neueren Entwicklung* (Éd. P.MIKAT), Darmstadt, Wissensch. Buchgesell. 1980, 552p. M.ZIMMERMANN, *Structure sociale et Église. Doctrine et Praxis des rapports Église-État du XVIIIe siècle à Jean-Paul II*, Strasbourg, Cerdic, 1981, 153p. R.MINNERATH, *L'Église et les États concordataires (1846-1981)*, Paris, Cerf, 1983, 510p.

3   Sur ce thème : *Päpstliche Verlaufbarungen zu Staat und Gesellschaft. Originaldokumenten mit deutscher Übersetzung* (éd.H.SCHNATZ), Darmstadt, Wissensch. Buchgesell., 1973, 447p.; W.VOGT, *Der Staat in der Soziallehre der Kirche*, Aschaffenburg, 1965, 162p.; P.V.PINTO, *Relevanza giuridica della Chiesa cattolica e del Consiglio ecumenico di Ginevra nell'ordinamento internazionale*, dans *Apollin.*, t.46, 1973, p.494-527; J.A.LLINARES, *El orden constitucional del Estado en el moderno magistero de la Iglesia*, dans *Ciencia Tomista*, t.96, 1969, p.479-518; R.A.STRIGL, *Kirche im modernen Staat*, dans *Archiv.Kath.Kirchenrecht*, t.141, 1972, p.148-169.

4   Ainsi : R.SCHUMAN, *Pour l'Europe*, Paris, Nagel, 1963; J.MONNET, *Les États-Unis d'Europe ont commencé*, Paris, Laffont, 1955; H.BRUGMANS, *L'Europe des Nations*, Paris, Libr. de Droit et de Jurispr., 1970; J.-C.MASCLET, *L'union politique de l'Europe*, Paris, PUF, 1978, 127p.; B.VOYENNE, *Histoire de l'idée européenne*, Paris, Payot, 1964, 248p. (L'Europe œcuménique, L'Europe cosmopolite, l'Europe des nationalités, l'Europe en marche); J.LECERF, *Histoire de l'unité européenne*, Paris, Gallimard, 1965, 380p. (L'Europe des Six, la Grande Europe, l'Europe partenaire du monde).

**5** A l'occasion du 90me Katholikentag, en mai 1990, les catholiques allemands, dans une "Déclaration de Berlin", disent : "Notre objectif est l'État fédéral européen, dont les membres, au delà de leur diversité, forment, dans une libre décision, une unité, une communauté solidaire et volontaire" (DC 1990,655). Dans une conférence donnée à Bruxelles le 18 septembre 1990, M.W.Martens, premier ministre belge, mais aussi Président du Parti populaire européen à Strasbourg, a proposé une "Constitution fédérale de l'Union européenne", "gouvernement européen par évolution de la Commission européenne vers un statut d'exécutif véritable" ("Le Monde", 21 sept. 1990). Le 5 décembre 1990, le RPR adopte le principe d'une "Union des États de l'Europe"; toutefois, écrit "La Croix" (6 décembre, p.10), pour l'UDF, en plein accord avec V.Giscard d'Estaing, "il n'existe pas d'alternative crédible hors l'accomplissement définitif des États-Unis d'Europe", tandis que pour le RPR, "on ne peut aller dans le sens d'une négation des nations, c'est contraire au sens même de l'histoire".

**6** G.LAJOLO, *"Libertas Ecclesiae" : principio fondamentale nelle relazioni tra Chiesa e Stato*, dans *La Scuola catt.*, t.98, 1970, p.3-31; P.EYT, *La liberté de l'Église dans la modernité*, dans DC 1984, 321-329.

**7** R.MINNERATH, *Le droit de l'Église à la liberté. Du Syllabus à Vatican II*, Paris, Beauchesne, 1982, 208p.

**8** S.LENER, *Lo stato sociale contemporaneo*, Roma, La Civiltà catt., 1966, 320p.; M.O.HINZ, *Der moderne Staat und die traditionellen Gesellschaft*, dans *Archiv. Rechts-und Sozialphilos.*, t.59, 1971, p.335-356; A.LATREILLE, *La pensée catholique de l'État depuis les dernières années du XIXe siècle*, dans *Revue Sc. Relig.*, t.34, 1960, p.281-295; G.F.KLENK, *Staat und Nation*, dans *Stim. Zeit*, t.175, 1964-65, p.120-134; M.KRIELE, *Zwei Konzeptionen des modernen Staates*, dans *Stud. Gener.*, t.22, 1969, p.839-849; O.VON NELL'BREUNING, *Der Staat und die Grundwerte*, dans *Stim. Zeit*, t.195, 1977, p.378-388.

**9** CL.DELMAS, *La civilisation européenne*, Paris, PUF, 1980, p.34.

**10** P.PAVAN, *Dignitatis humanae. Dichiarazione sulla libertà religiosa*, I-15033 Casale Monferrato, Éd. Piemme, 1986, 64p.; cit.p.46-47.

**11** Pour tout ce qui suit, voir la revue *Athéisme et Dialogue* du Conseil Pontifical pour le Dialogue avec les Non-Croyants, t.24, 1989, p.289-381 (fasc. 4 de 1989). Les citations sont données avec référence à cette publication. Deux déclarations générales sont publiées par DC 1989, 1069-1071.

**12** R.AUBERT, *Pie XII*, dans *Catholicisme*, t.XI, c.300-310 (bibliographie, sources, écrits, témoignages, analyses); *Pius XII zum Gedächtnis* (Éd. H.SCHAMBECK), Berlin, Duncker & Humblot, 1977. Sur la pensée du P.Gundlach, lire J.SCHWARTE, *Gustav Gundlach, s.j. (1892-1963), Massgeblicher Repräsentant der katholischen Soziallehre der Pontifikate Pius'XI und Pius'XII*, Paderborn, Schöningh, 1975, 540p.; G.GUNDLACH, *Die Ordnung der menschlichen Gesellschaft*, Köln, Bachem, 1964, 2 vol., 679 et 700p.

**13** P.PAVAN - T.ONOFRI, *La dottrina sociale cristiana*, Roma, A.V.E., 1966, 402p.; P.PAVAN, *Dalle "Rerum Novarum" alla "Mater et Magistra"*, Rome, Figlie della Chiesa, 1962, 493p.; *Le Saint-Siège dans les relations internationales* (dir.J.-B.d'ONORIO), Paris, Cerf, 1989, chap.VI. *Le Saint-Siège et l'Europe*, par Christine de MONTCLOS-ALIX, p.137-161; D.MAUGENEST, *Le discours social de l'Église catholique, de Léon XIII à Jean-Paul II*, Paris, Centurion, 1990, 806p. (textes, index); *L'Europe unie dans l'enseignement des Papes*, Sablé-sur-Sarthe, Abbaye de Solesmes, 1981, 255p.

**14** *Documents pontificaux de Sa Sainteté Pie XII*, Saint-Maurice, Éd. S.Augustin, 1959, 693p.; *Katholische Kirche und Europa. Dokumente 1945-1979* (Éd. J.SCHWARZ), München, Kaiser, 1980, 608p. (202 documents, bibliographie considérable : p.551-564); J.CHELINI, *Histoire de l'Église du Christ. L'Église sous Pie XII (1939-1945)*, Paris, Fayard, 1983, 335p.; M.SPEZZIBOTTIANI, *Il Magistero europeistico dei Papi, da Pio XII a Giovanni Paolo II*, dans *La Scuola catt.*, t.113, 1985, p.143-170 (notes bibliographiques); W.LEIFER, *Der Vatikan und die Europafrage*, dans *Stim. Zeit*, t.157, 1955-56, p.346-361.

**15** *L'État et les Corps intermédiaires* (39ème Semaine Sociale du Canada), Montréal, Bellarmin, 1965, 118p.; E.LINK, *Das subsidiaritätsprinzip. Sein Wesen und seine Bedeutung für Sozialethik*, Fribourg-Br, 1955, 122p.; A.F.UTZ, *Formen und Grenzen des Subsidiaritätsprinzip*, Heidelberg, 1956, 126p.; L.ROSA, *Il "principio de sussidiaretà" nell'insegnamento sociale della Chiesa*, dans *Aggiorn. Sociali*, t.14, 1963, p.151-166; L.SANCHEZ AGESTA, *Il principio de función subsidiaria*, dans *Rev.Est.Politicos*, janv.-févr., 1962, p.5-22.

**16** G.SARACENI, *Democrazia e cattolicesimo, con particolare riguardo al magistero di Pio XII*, dans *Diritto ecclesiast.*, t.73, 1962, p.3-42; A.GNÄGL, *Katholische Kirche und Demokratie. Ein Dogmengesc hichtlicher Überblick*, Zürich, Benziger, 1970, 242p.; *Cristianesimo e democrazia*, Rome, Éd. "Civitas", 1969, 306p.; L.ROOS, *Demokratie als Lebensform*, Paderborn, Schöningh, 1969, 380p.; *Les droits fondamentaux du chrétien* (Éd. E.CORECCO), Fribourg (Suisse), Éd. Univers., 1981, 1328p.

**17** J.C.MURRAY, *Vers une intelligence du développement de la doctrine de l'Église*, dans *Vatican II. La liberté religieuse* (Unam Sanctam, 60), Paris, Cerf, 1967, p.141.

**18** *Actes de Léon XIII*, Paris, Bonne Presse, t.II, p.21. On ne peut perdre de vue que, à l'époque de Léon XIII, les pays de l'Europe comptaient un pourcentage assez élevé d'analphabètes; et les encycliques parlent parfois de la "multitude inculte, ignorante", la *"multitudo imperita"* (Encyclique *Libertas praestantissimum*, dans *Actes de Léon XIII*, t.II, p.197).

**19** P.LEIBER, *Pie XII*, dans DC 1959, c.161-174, traduction d'un article publié dans *Stim. Zeit.* de novembre 1958; cit. DC 1959, c.169.

**20** K.G.MEYER-TESCHENDORF, *Staat und Kirche im pluralistischen Gemeinwesen*, Tübingen, J.C.B.Mohr, 1979, 255p.; J.JOBLIN, *Essere Chiesa nella società pluralistica*, dans *La Civ.Catt.*, 1979, t.3, p.345-357; E.NASARRE, *Pluralisme, laïcité, sécularisation*, dans *Notes et Documents 17/18* de l'Inst. J.Maritain, janv.-juin 1987, p.65-85.

**21** Avant le Concile, voir : *Tolérance et Communauté humaine : chrétiens dans un monde divisé*, Tournai, Casterman, 1952, 245p.; J.LECLER, *Histoire de la tolérance au siècle de la Réforme*, Paris, Aubier, 1955, 2 vol., 406 et 402p.

**22** Cfr. *Monum. Germaniae Historica*, LL, sect.IV, t.IV, P.I, p.19-32.

**23** A.OTTAVIANI, *L'Église et la Cité*, Impr., Polygl. Vaticane, 1963, p.49-54; cit., p.53. Voir aussi une Allocution du 3 mars 1953 sur les *Devoirs de l'État catholique envers la Religion*, p.267-296.

**24** A.MESSINEO, *Stato laico e Stato laicizzante*, dans *La Civiltà cattol.*, 19 janvier 1952, p.129-140. Cet article est traduit dans la DC 1952, c.717-723; cit. c.719 et 721.

**25** Histoire de cette évolution dans l'article *Laïcisation, laïcisme, laïcité* de A.MANARANCHE, dans l'encyclopédie *Catholicisme*, t.VI, c.1649-1666.

26 A.MESSINEO, *Laicismo politico e dottrina cattolica*, dans *La Civiltà cattol.*, du 5 avril 1952, p.18-28; trad.franç. partielle dans DC 1952, c.724-728.

27 Publié en langue française dans *Documentos*, n°10, San Sebastiàn, 1952, p.77-97, cet article a été repris dans DC 1952, c.741-750. Nous citons avec la pagination de la DC.

28 P.HEBBLETHWAITE, *Jean XXIII, le Pape du Concile*, Paris, Centurion, 1988- 598p. (bibliographie, p.555-567); *Papa Giovanni* (Éd. G.ALBERIGO), Rome, Laterza, 1987, 283p.; *Jean XXIII et l'ordre du monde* (dir. E.CHELINI), Paris, Nouvelle Cité, 1989, 186p. (colloque Fac. de Droit d'Aix, 1988); G.ZIZOLA, *L'utopie du pape Jean XXIII*, Paris, Seuil, 1978, 316 p. (le dégel, le Concile); R.AUBERT, *Du nouveau sur l'"età" di Roncalli*, dans *Rev. Théol. Louvain*, t.18, 1987, p.273-275; J.GRITTI, *Jean XXIII et l'opinion publique*, Paris, Centurion, 1967, 198p. (la presse et les sondages). Sur le pontificat, la mort et les messages reçus après le décès de Jean XXIII : DC 1963, c-769-796.

29 P.E.BOLTÉ, *Mater et Magistra. Commentaires*, Univ. de Montréal, 1968, 1348p.; *L'encyclique Mater et Magistra. Commentaires de l'Action Populaire*, Paris, Spes, 1962, 230p.; *Comentarios a la Mater et Magistra* (ouvr. collectif), Madrid, B.A.C., 1962, 711p.; *"Mater et Magistra". Linee generali e problemi particolari* (Éd. H.CARRIER), Rome, Univ. Grégor., 1963, 197p.; L.BINI, *I fondamenti teologici dell'enciclica "Mater et Magistra"*, dans *Aggiorn. Sociali*, t.13, 1962, p.145-160 et 217-236; H.WULF, *"Mater et Magistra" in der Kritik*, dans *Stim. Zeit.*, t.169, 1962, p.254-263; J.MESSNER, *Das Gemeinwhol. Idee, Wirklichkeit, Aufgaben*, Osnabrück, Fromm, 1962, 128p.

30 JEAN XXIII, *Encyclique Pacem in terris*, Paris, Spes, 1963, 204p. (comm. Action Populaire); A.LALANDE, *Pacem in terris*, Paris, Éd. Fleurus, 1963, 287 p. (avec notes et index); *Kirche und moderne Demokratie* (Éd. TH.STROHM-H.D.WENDLAND), Darmstadt, Wissensch. Buchgesellsch., 1973, 473p.

31 P.PAVAN, *Libertà religiosa e pubblici poteri*, Milan, 1965, p.357.

32 *Vatican II. La liberté religieuse* (Unam Sanctam, 60), Paris, Cerf, 1967, p.71.

33 Voir : *Acta Synodalia S.Concilii œcumenici Vaticani II*, Rome, Typ. polygl. Vatican., 1970 sq.; PH.DELHAYE, *Vatican II*, dans les *Tables générales* du *Dictionnaire de théologie catholique*, c.4286-4354 (histoire, documents, autorité : le meilleur état de la question); R.LAURENTIN, quatre volumes, Paris, Seuil, 1963, 1964, 1965, 1966; A.WENGER, quatre volumes, Paris, Centurion, 1963, 1964, 1965, 1966; G.CAPRILE, *Il Concilio Vaticano II*, Rome, La Civiltà cattol.. Sur les anciens projets de Concile œcuménique, voir deux études historiques de G.CAPRILE : *Pie XI et la reprise du Concile du Vatican*, dans *La Civiltà cattol.*, 2 juillet 1966, et trad. franç. par la DC 1966, p.2175-2188; *Pie XII et un nouveau projet de Concile œcuménique*, dans *La Civiltà cattol.*, 6-20 août 1966, et trad. franç. dans DC 1967, p.49-68; P.GAUTHIER, *"Consolez mon peuple". Le Concile et l'Église des pauvres*, Paris, Cerf, 1965, 336p.

34 Voir le court aperçu historique de U.BETTI, dans *Vatican II. La constitution dogmatique sur l'Église*, t.II (Unam Sanctam, 51b), Paris, Cerf, 1966, p.57-61.

35 La pensée complète du cardinal A.Ottaviani à l'ouverture du Concile est exprimée dans un Projet élaboré à l'intention des participants à la préparation de celui-ci. On en trouvera le texte dans G.THILS, *"Foi chrétienne" et "Unité de l'Europe"*, Louvain-la-Neuve, Faculté de théologie, p.68-70.

**36** Voir résumé des interventions dans DC 1963, 37-52. Sur l'intervention du cardinal A.Ottaviani, DC 1963, 38.

**37** PH.DELHAYE, *Histoire des textes de la Constitution pastorale*, dans *Vatican II. L'Église dans le monde de ce temps*, t.I (Unam Sanctam, 65a), Paris, Cerf, 1967; C.MOELLER, *L'élaboration du Schéma XIII*, Tournai, Casterman, 1968, 152p.; *Vatican II. L'Église dans le monde de ce temps, t.II. Commentaires* (Unam Sanctam, 65b), Paris, Cerf, 1967, 638p.; J.RATZINGER, *Der Weltdienst der Kirche. Auswirkungen von "Gaudium et spes" im letzten Jahrzehnt*, dans *Intern. Kathol. Zeits. Comm.*, t.4, 1975, p.439-454.

**38** *Vatican II. La liberté religieuse*(Unam Sanctam, 60), Paris, Cerf, 1966, 287p.; P.PAVAN, *Erklärung über die Religionsfreiheit*, dans *Lexikon für Theologie und Kirche. Das Zweite Vatikanische Konzil*, II, p.703-748; L.JANSSENS, *Liberté de conscience et liberté religieuse*, Paris, Desclée De Brouwer, 1964, 209p. (avec une éclairante présentation des deux théories explicatives de la conscience "droite", S.Thomas et Suarez); E.TORRES ROJAS, *La libertad religiosa en Léon XIII y en el Vaticano II*, Vitoria, Eset, 1968, 208p.; A.F.CARRILLO DE ALBORNOZ, *Le Concile et la liberté religieuse*, Paris, Cerf, 1967, 248p. (réflexions œcuméniques pertinentes); P.PAVAN, *Dignitatis humanae. Dichiarazione sulla libertà religiosa*, Éd. Piemme, 1986, 62p. (commentaire et développements depuis le Concile); *La libertad religiosa. Anàlisis de la Declaraciòn "Dignitatis humanae"*, Madrid, Éd. Razòn y Fe, 1966, 645p. (ouvr. collectif); *Teoria e prassi della libertà di religione*, Bologne, Il Mulino, 1975, 753p. (ouvr. collectif); J.LECLER, *Liberté de conscience. Origine et sens divers de l'expression*, dans *Rech. Sc. Relig.*, t.54, 1966, p.370-406; *L'herméneutique de la liberté religieuse* (Éd. E.CASTELLI), Paris, Aubier, 1968, 608p. (aspects philosophiques et religieux); C.CORRAL SALVADOR, *La libertad religiosa en la comunidad economica europea. Estudio comparado*, Madrid, Ist. Estud. Polit., 1973, 685p.

**39** Histoire de l'élaboration de cette Déclaration : J.HAMER, dans *Vatican II. La liberté religieuse* (Unam Sanctam, 60), Paris, Cerf, 1967, p.53-110.

**40** Voir la Conférence du cardinal J.Willebrands au "Symposium Cardinal Bea", en décembre 1961, dans DC 1982, 202-203, avec renvoi aux *Acta Synodalia* I, 1, p.78 et 261.

**41** Voir, par exemple, le récit donné par A.WENGER, *Vatican II. Chronique de la troisième session*, Paris, Centurion, 1965, p.332-347.

**42** Voir *Vatican II. La liberté religieuse* (Unam Sanctam, 60), Paris, Cerf, p.105. Cette allusion à la réciprocité des consciences est faite sans doute en référence à l'étude de M.NÉDONCELLE, *La réciprocité des consciences*, Paris, Aubier, 1942, 331p.. Celui-ci a donné un résumé de sa philosophie dans l'*Encyclopédie française* (Larousse, t.19, 1959, Ière Partie, Section A, chap. III,4), sous le titre *Le Personnalisme* : pour lui, la réciprocité des consciences atteint "dans les personnes des couches plus profondes que celles de la conscience superficielle et de ses dialogues" (p.19.08-15).

**43** Voir G.THILS, *Le fondement naturel et universel de la liberté religieuse*, dans *Rev. Théol. Louvain*, t.20, 1989, p.59-66; C.COLOMBO, *La libertà religiosa*, dans *Riv. Clero Ital.*, t.44, 1965, p.309-321, ou la trad. franç., DC 1965, p.1195-1208 (fondements universels, p.1208).

**44** Sur la position particulière de l'Église catholique en Espagne, voir une *Déclaration collective de l'Épiscopat espagnol*, dans DC, 1973, p.175-182 et 219-226.

**45** Voir quelques réflexions à ce propos dans L.JANSSENS, Liberté de conscience et liberté religieuse, Paris, Desclée De Brouwer, 1964, p.118-170; également J.ÉTIENNE, Éthique formelle et morales historiques, dans Figures de la finitude, Paris, Vrin, 1988, p.142-157.

**46** Documents Pontificaux de Paul VI, Saint-Maurice (Suisse), Éd. S.Augustin, 1967, 464p.; PAULUS pp. VI. 1963-1978, Elenchus bibliographicus (éd. P.ARATO et P.VIAN), Brescia, Istit.Paolo VI, 1981, 622p. (11.300 fiches, classées); R.AUBERT, Paul VI, dans Catholicisme, t.X, c.930-941 (avec bibliographie); A.DUPUY, La diplomatie du Saint-Siège après le IIe Concile du Vatican. Le Pontificat de Paul VI, Téqui, 1980, 343p.; J.GUITTON, Dialogues avec Paul VI, Paris, Fayard, 1967, 416p.; R.GUELLUY, Le magistère "ordinaire" de Paul VI, dans Rev.Théol.Louvain, t.9, 1978, p.407-416; D.SIMON LOURDYSAMY, Paolo VI e l'incontro con le culture, dans Euntes Docete, t.36, 1983, p. 145-181.

**47** Rome, Public. École Française, 1984, 875p. (la famille et la personne, les activités et les écrits, le Saint-Siège et l'Église, Œcuménisme et Religions).

**48** CHR.deMONTCLOS-ALIX, Le Saint-Siège et l'Europe, dans Le Saint-Siège dans les relations internationales (dir.J.-B.d'ONORIO), Paris, Cerf, 1989, p.143-154. Sur Paul VI et l'Italie, la France, les Pays-Bas, voir Paul VI et la modernité dans l'Église, Rome, 1984, p.647-784; M.MAQUA, Rome-Moscou, L'Ostpolitik du Vatican, Cabay, Louvain-la-Neuve, 1984, 243p.; P.SCOPPOLA, La "Nuova Cristianità" perduta, Roma, Studium, 1985, 209p. (compte rendu de F.TRANIELLO, dans Notes et Documents, n.13, de l'Istit. J. Maritain, de janv.-mars 1986, p.162-165).

**49** "... des gestes émouvants et qui portent loin quand on les considère attentivement..." (R.AUBERT, Paul VI, dans Catholicisme, t.X, c.940).

**50** Voir la photographie en page-couverture de la Documentation catholique du 6 décembre 1964.

**51** Ainsi : la réorganisation de la Maison pontificale (DC 1968, 685-690); l'usage des insignes pontificaux (DC 1968, 1273-1275); simplification de rites pontificaux (DC 1968, 1275-1278); les habits, titres et blasons ecclésiastiques (DC 1969, 364-366); les ordres de chevalerie (DC 1970, 408); les corps militaires pontificaux (DC 1970, 860-861).

**52** A.SILVESTRINI, Paul VI et les réformes institutionnelles dans l'Église, dans les Pubblicazioni dell'Istituto Paolo VI, n.6, Brescia, 1987, p.4-12; cit.p.10.

**53** PH. de la CHAPELLE, La Déclaration universelle des Droits de l'homme et le Catholicisme, Paris, Libr. Gén. Droit et Jurispr., 1967, 490p. (la Déclaration et son consensus avec le Droit naturel, le Droit des Gens, la pensée judéo-chrétienne); G.THILS, Droits de l'homme et perspectives chrétiennes, Louvain-la-Neuve, Faculté de théologie, 1981, 116p. (état de la question des "théologies" et des "fondements"); Commission Pontificale "Justitia et Pax", L'Église et les droits de l'homme. Document de travail n°1, Cité du Vatican, 1975, 74p. (en bref : histoire, doctrine, orientations pastorales); A.VERDOODT, La protection des droits de l'homme dans les États plurilingues, Paris, F. Nathan, 1979, 210p. (droits au titre de la langue maternelle ou usuelle); Le fondement des droits de l'homme (Entretiens d'Aquila, sept. 1964), Florence, 1966, 402p. (les diverses formes de fondement),; G.CATELLI, La società marginale. Contadini, *sottoproletariato ed emarginati come società negativa*, Roma, Città Nuova, 1976, 276p.

**54** Sur la portée des Accords d'Helsinki, voir *Le Saint-Siège dans les relations internationales* (dir.J.-B.d'ONORIO), Paris, Cerf, 1989, p.147-151; Card. A.CASAROLI, *L'Europe entre dans une ère nouvelle*, dans OR éd.franç.hebd. du 27 novembre 1990, p.1-2.

**55** La presse et les autres médias des pays européens ont fait largement écho, les 19-21 novembre 1990, aux décisions qui ont été prises à la Réunion de Paris.

**56** *La democrazia nella società che cambia* (éd. R.LOEWENTHAL), Milan, Jaca Book, 1967, 267p.; É.POULAT, *Catholicisme, démocratie et socialisme*, Casterman, 1977, 564p.; *Freiheit, Demokratie und pluralistische Gesellschaft in der Sicht der katholischen Kirche* (éd. L.LINDGENS), Stuttgart, Klett-Cotta, 1985, 354p. (d'après les Papes et Vatican II).

**57** Édité par l'Action Populaire : *La responsabilité politique des chrétiens*, Paris, Éd. Ouvrières, 1971, 151p.; art. de C.MERTENS, *La responsabilité politique des chrétiens*, dans *Nouv. Revue Théol.*, t.94, 1972, p.183-194; G.-B.GUZZETTI, *Il significato della "Octogesima adveniens"*, dans *La Scuol.cattol.*, t.100, 1972, p.116-132; F.BIFFI, *L'impegno sociale e politico del cristiano secondo la "Octogesima adveniens"*, dans *Apollin.*, t.44, 1971, p.707-720; O.von NELL'BREUNING, *Ideologien, Utopien, christlicher Glaube*, dans *Theol. und Philos.*, t.46, 1971, p.481-495 (sur "Octogesima adveniens").

**58** R.COSTE, *L'Église et les chrétiens dans la société pluraliste*, dans la *Nouv.Revue Théol.*, t.98, 1976, p.385-415; Dossier du *Colloque international de Trévise sur le nouveau pluralisme culturel et ethnique de la société européenne*, dans *Notes et Documents* de l'Institut J.Maritain, n.27-28, de janv.-août 1990, p.5-134.

**59** En particulier dans les milieux œcuméniques.

**60** Voir, par exemple, É.POULAT, *Liberté-Laïcité. La guerre des deux France et le principe de la modernité*, Paris, Cerf, 1987, 439p.; P.SCOPPOLA, *La "nuova cristianità" perduta*, Rome, Studium, 1985, 209p.

**61** J.CHELINI, *Jean-Paul II, pèlerin de la liberté*, Paris, J.Goujon, 1980, 268p.; A.FROSSARD, *Dialogue avec Jean-Paul II*, Paris, Laffont, 1982, 375p. (notamment sur l'attentat, p.325-374); J.GRITTI, *Le pape à la une. Nouveau visage de la papauté*, Mulhouse, Salvator, 1980, 166p. (enquêtes sur le pape et ses voyages); K.WOJTYLA, *Aux sources du renouveau. Étude sur la mise en œuvre du Concile Vatican II*, Paris, Centurion, 1981, 355p. ("mise en œuvre", au sens d'enrichissement de la foi vécue et attitudes conscientes qui en résultent); K.WOJTYLA, *En esprit et en vérité*, Paris, Centurion, 1980, 292p. (40 articles du futur Jean-Paul II); J.GROOTAERS, *De Vatican II à Jean-Paul II. Le grand tournant de l'Église catholique*, Paris, Centurion, 1981, 225p. (les événements-clés de l'Après-Concile), R.BUTTIGLIONE, *La pensée de Karol Wojtyla*, Paris, Fayard, 1984, 427p. (les attaches doctrinales du futur Jean-Paul II); J.-Y.LACOSTE, *Vérité et liberté. Sur la philosophie de la personne chez Karol Wojtyla*, dans *Revue thomiste*, t.81, 1981, p.586-614.

**62** Dans *Vita e pensiero*, n°4-5-6, juillet-décembre 1978, p.160-168, qui cite notamment, p.164, le livre de R.L.BUELL, *Poland, Key to Europa*.

Le meilleur ouvrage d'ensemble : J. et B.CHELINI, *L'Église de Jean-Paul II face à l'Europe*, Paris, Nouvelle Cité, 1989, 210p.; E.-W.BARKENFÖRDE, *Das neue politische Engagement der Kirche. Zur "politischen Theologie" Johannes Pauls II*, dans *Stim. Zeit.*, t.198, 1980, p.219-234; O. von NELL'BREUNING, *Politische Theologie Papst Johannes Pauls II*, dans Stim.Zeit., t.198, 1980, p.675-686.

63 J.GRITTI, *Les discours de Jean-Paul II. Statuts de leur énonciation*, dans *Rev.Théol.Louvain*, t.16, 1985, p.23-37; A.HOUSSIAU, *Les discours de Jean-Paul II. Réflexion théologique*, dans *Rev.Théol.Louvain*, t.16, 1985, p.38-46; W.OSSIPOW, *La transformation du discours politique dans l'Église*, Lausanne, L'âge d'homme, 1979.

64 A.FROSSARD, *"N'ayez pas peur!" Dialogue avec Jean-Paul II*, Paris, Laffont, 1981, p.270-271.

65 Voir *Le rêve de Compostelle. Vers la restauration d'une Europe chrétienne ?* (éd.R.LUNEAU), Paris, Centurion, 1989, 366p.; G.ZIZOLA, *La restaurazione di papa Wojtyla*, Rome, Laterza, 1985, 262p. (les points discutés dans les médias).

66 Texte original espagnol dans OR 11 nov., 1982; trad.franç., DC 1982, 1128-1130.

67 CHR. de MONTCLOS, *Les voyages de Jean-Paul II*, Paris, Centurion, 1990, 280p. ("bilan ... contestataire... tempéré de plusieurs manières", p.267); *Voyage de Jean-Paul II en France* (ouvr. collectif), Paris, Cerf, 1988, 193p. (analyses par des sociologues CNRS).

68 E.MORIN, *Penser l'Europe*, Paris, Gallimard, 1987, 222p.

69 PH.I.ANDRÉ-VINCENT, *Les droits de l'homme dans l'enseignement de Jean-Paul II*, Paris, Libr.Gén.Droit et Jurispr., 1983, 134p.; P.DAUBERCIES-CH.LEFEVRE, *Le respect et la liberté. Droits de l'homme. Raison et Foi*, Paris, Téqui, 1985, 294p. (la meilleure réflexion philosophique, avec approches théologiques); F.I.U.C., *Droits de l'homme. Approches chrétiennes*, Fribourg (R.D.A.), Herder, 1984, 251p.; G.HAARSCHER, *Philosophie des droits de l'homme*, Bruxelles, Éd. Univ. Bruxelles, 1987, 152p. (fondements rationnels à travers l'histoire, apports du christianisme).

70 Sur l'attitude de la papauté au cours du XIXe siècle, voir le *Document de travail, n°1*, de la Commission Pontificale "Justitia et Pax", Cité du Vatican, 1975, p.10-14.

71 Elle a pour titre *La dignité et les droits de la personne humaine* et est accompagnée d'une introduction historique sur les étapes de son élaboration (DC 1985,383-391).

72 Voir l'édition de l'encyclique, avec commentaires, par le Ceras-Action Populaire, Paris, Centurion, 1979, p.155.

73 Sur l'évolution de la revendication de liberté religieuse depuis la fin du Concile, voir P.PAVAN, *Dignitatis humanae, Dichiarazione sulla libertà religiosa*, éd. Piemme, 1986, p.48-59.

74 Texte en italien dans P.PAVAN, *Dignitatis humanae...*, p.51-53.

75 Recherches sur les relations "Églises-Médias", par le groupe Médiathec de Lyon, qui publie un premier document *Les Médias. Textes des Églises*, Paris, Centurion, 1990 (textes depuis la fin du XVIIIe siècle sur la presse); *Nouveaux enjeux de la laïcité*, Paris, Centurion, 1990, 273p. (colloques de "La Croix" et du "Centre Sèvres"); J.BAUBEROT, *Vers un nouveau pacte "laïque" ?*, Paris, 1990, 272p.; É.POULAT, *Liberté-Laïcité*, Paris Cerf, 1987, 440p. ("Vers une nouvelle civilité", p.423-435).

76 Voir la référence donnée plus haut, à la note 11.

77 J.RATZINGER, *L'Europe, import-export*, dans *30 Jours dans l'Église et dans le monde*, août-sept. 1990, p.56-58; cit.p.57.

78 Sur ce sujet : Antonio PAVAN, *Vita politica e laicità dello stato*, dans *Riv.Teol.Morale*, n°41, janv.-mars 1979, p.385-417.

[79] A.ADVERSI, *Il laicismo. Appunti di storia e di bibliografia*, dans *Sapienza*, t.20, 1967, p.353-405; A.MELLOR, *Histoire de l'anticléricalisme français*, Mame, 1966, 496p.; R.RÉMOND, *L'anticléricalisme en France, de 1815 à nos jours*, Paris, Fayard, 1976, 374p.

[80] B.RIGAUX, *op.cit.*, Paris-Gembloux, Duculot, 1932, 425p.

[81] Texte dans OR 8 juin, 1990 et dans DC 1990, 701-703.

[82] *Déclaration des Ministres européens responsables des Affaires culturelles*, dans DC 1984, 762-763. Voir à ce sujet : J.STOETZEL, *Les valeurs du temps présent. Une enquête européenne*, Paris, 1983, 309p. (morale, politique, religion, famille, travail, contexte, avec courbes, tableaux, etc.); G.DEFOIS, *L'Europe et ses valeurs*, Paris, Centurion, 1983, 80p. (énoncé des valeurs et essai d'interprétation).

# TABLE DES MATIÈRES

## CAHIERS DE LA REVUE THEOLOGIQUE DE LOUVAIN

G. Thils, *L'après-Vatican II. Un nouvel âge de l'Église ?*, **250 FB**
1984, 86p.

É. Massaux *l'université catholique au service de l'Église et* **500 FB**
*du monde*, 1986, VI-250p.

H. Wattiaux, *Génétique et fécondité humaine*, 1986, 125p. **450 FB**

G. Thils, *Présence et salut de Dieu chez les "non-chrétiens".* **380 FB**
*Une vérité à intégrer en tout "exposé de la foi" de l'an 2000.*
1987, 115p.

R. Gryson & P. Bogaert (Éd.), *Recherches sur l'histoire de* **750 FB**
*la Bible latine*, 1987, 157p.

G. Thils, *Les laïcs et l'enjeu des temps "post-modernes"*, **400 FB**
1988, 120p.

Cl. Soetens (Éd.), *Concile Vatican II et Église* **950 FB**
*contemporaine. T.1. Inventaire des Fonds Ch. Moeller,*
*G. Thils, Fr. Houtart*, 1989, 177p.

J. Pirotte, Cl. Soetens & M. Cheza, *Evangélisation et* **780 FB**
*cultures non européennes. Guide du chercheur en Belgique*
*francophone*, 1989, 180p.

G. Thils, *La Profession de foi et le Serment de fidélité*, **200 FB**
1989, 60p.

Hors série : G. Thils, *En dialogue avec l'"Entretien sur la* **300 FB**
*foi"*, 1986, 96p.

Hors série : G. Thils, *"Foi chrétienne" et "Unité de l'Europe"*, **330 FB**
1990, 140p.

Hors série : G. Thils, *Prêtres de toujours et prêtres* **180 FB**
*d'aujourd'hui*, 1990, 80p.

Hors série : G. Thils, *Le statut de l'Église dans la future* **330 FB**
*Europe politique*, 1991, 110p.

ORIENTALISTE, P.B. 41, B-3000 Leuven